능력보다 더 인정받는
일잘러의 DNA, 일센스

능력보다 더 인정받는
일잘러의 DNA,

일젠스

김범준 지음

KOREA.COM

'먹고 살기 위해'가 아닌
'잘 살기 위해' 필요한 일센스

능력'조차' 인정받지 못해 분노하는 당신의 모습이 안타까웠습니다. 능력'만큼', 아니 능력'보다 더' 인정받는 당신이기를 누구보다 바랐기 때문입니다. 고통스러운 당신의 현실을 두고 세상의 잘못으로 몰아가고 싶지만, 냉정한 세상은 그 책임을 쉽사리 받아들이려 하지 않습니다. 그뿐인가요. 누군가는 당신에게 아쉬우면 떠나라고 쉽게 말하지만, 회사 밖 차가운 현실에 선뜻 발걸음을 옮기기가 두렵죠. 그래서 마음을 다잡으려고 해도 뭔가 엉망이 되어 버린 것 같은 상황에 한숨만 나옵니다. 어떻게 해야 할까요.

'일센스' 갖추기를 권합니다. 직장이라는 곳이 당신에게 '먹고 살기 위해' 일하는 장소가 아니라 '잘 살기 위해' 몸담는 곳이 되기를 기대합니다. '일센스'란 당신이 가진 능력만큼, 아니 가진 능력 그 이상으로 자신을 돋보이게 하는 전략적 직장생활의 기술입니다. 회사를, 사람을, 주어진 일을 대하는 태도와 마음가짐을 어떻게 설계해 두느냐에 따라 당신의 평판이 천국과 지옥을 오갈 수 있기에 꼭 필요한 도구입니다. 이를 통해 당신이 함께 일하고 싶은, 계속해서 지켜보고 싶은 사람으로 조직 그 누구에게든 보이길 원합니다.

언젠가부터 직장이라는 곳이 우습게 다루어집니다. 자신이 맡은 일의 무게감에 대해서도 경멸적인 자세로 바라보는 것을 '쿨'하다고 생각하고, 마땅히 책임져야 할 일조차 새털처럼 가볍게 여기는 것이 똑똑하다고 여기저기서 부추깁니다. 거기에 혹해서 책임져야 할 일은 덜 책임지고, 내 일이 아니라면 싸늘하게 외면하는 모습은 과연 당신의 성장에 얼마나 도움이 되었나요. 아니, 그 이전에 우리의 직장이, 우리의 일들이 그토록 천대받아야 할까요. 직장인으로서 내 일이 무의미하다고 말하는 것이 하루의 가장 오랜 시간을 들인 나의 노력에 대한 최선의 대우였을까요.

갑자기 대단한 것을 하자며 억지로 등을 떠미는 건 절대 아닙니다. 할 수 있는 것부터, 작은 것이라도 좋으니 하나씩 해보자는 겁니다. 하는 것마다 안 된다고, 도대체 뭘 해야 하느냐고 투덜대기보다 당신의 일터에서 마주하는 선배와 후배, 동료에게 먼저 다가가 온화한 얼굴로 대하는 건 어떨까요. 그게 당신이 재직 중인 직장에 대한 예의요, 당신 주변의 구성원을 향한 존중이기 때문입니다. 실제로 너무나 힘들던 인간관계였는데 밝은 표정으로 먼저 인사하는 것 하나로 해결했다는 직장인을 여럿 본 바 있습니다.

직장생활의 답을 밝은 곳이 아닌 어두운 데서 찾으려는 당신이 아니길 바랍니다. '먹고 살려면 어쩔 수 없으니 불평은 그만두고 가서 일이나 해'라고 말하는 사람을 피하고 '잘 살기 위해서라도 재미있게 일하자'라고 하는 사람과 어울리세요. 이렇게 말하는 저 역시 일터에서 도대체 결과가 가늠이 안 되는 황당한 상황을 앞에 두면 막막해서 차라리 사라지고 싶을 때도 있었음을 고백합니다. 하지만 그런 부정적 감정은 저에게 단 한 톨의 도움도 되지 않았습니다. 제가 겪은 이런 어둠 속에 당신은 머무르지 않기를 바랍니다.

하지만 아무것도 모르면서 무작정 최선을 다하려고 하지는 마십시오. 일터에서의 일, 그리고 인간관계는 일종의 전략이 필요한 것이기에 당신만의 필살기가 있어야 합니다. '일센스'가 그 필살기가 되리라 믿습니다. 일을 잘하고 싶다는 바람과 잘할 수 없다는 낙담이 하루에도 수십 번을 오고 가는 그 혼란과 마주하면서도 '일센스'라는 렌즈를 통해 바라보며 담담하게 이겨나가는 당신이 되기를 원합니다.

물론 일을 무지무지하게 잘하면, 손을 대는 것마다 놀라운 성과를 보여준다면 인간관계고 뭐고 필요 없을 겁니다. 하지만 일반적인 상황이라면, 그저 '성실하게' 견디는 것만으로는 당신의 직장생활이 편안해지기가 쉽지 않습니다. 물론 지나가고 또 지나가면 조금은 나아질 겁니다. 하지만 그 긴 시간 속에서 마음의 상처를 입을 당신이 안타깝기에, 이왕이면 인정받고 존중받고 대우받기를 바라기에 욕심을 내었으면 합니다.

일터를 냉정하게 바라봤으면 합니다. 가상화폐인 비트코인의 펀더멘털이 뭐라고 생각하나요. 누군가는 블록체인의 영속성과 무결성 그리고 효용성 파생효과 등이라고 하고, 또 다른 누군가는 탈중앙화, 보안, 해시레이트 등이라고 말하더군요. 하지만 냉정하게 비트코인의 펀더멘털은 '가격' 아닐까요. 마찬가지입니다. 직장인의 펀더멘털은 일에 대한 열정, 업무에 대한 적응력, 주어진 과제를 해결할 수 있는 역량 등이 아닌 '자리', '성과'라고 생각합니다. 가상화폐에 투자했다면 큰돈 벌기 바라듯, 직장인이라면 좋은 평판을 얻으며 높은 자리에 오르기를 기대할 것입니다.

당신이 잘되기를 바랍니다. 이 책을 읽는 당신이 직장에 매인 삶이 아니라, 인사고과도 잘 받고 성과급도 많이 받으며 일에서 발전하고 성취감을 얻는 그런 사람이 되기를 말입니다. 그렇게 목표한 바를 당당히 해내는 미래의 당신 모습을 그리면서 업무와 관계, 말, 글, 이미지까지 포괄하여 '일센스'로 정리했습니다. 아무쪼록 도움이 되기를 바랍니다. 꽤 많은 사례를 정리했지만 다만 몇 개라도 일터에서 활용해 본다면, 그렇게 조금씩 나아진다면 언젠가 '먹고 살기 위해' 출근하는 회사가 아닌 '잘 살아가기 위해' 향하는 성장터가 되리라 믿습니다.

늦지 않는 것보다 중요한 건 틀리지 않는 것입니다. 이왕 하는 직장생활, 접대하며 살아가기보다 대접받으며 폼 잡고 살아보는 것이 낫지 않을까요. 이 책에서 말씀드리는 다섯 가지의 '일센스' 지침을 토대로 밥벌이의 고단함 속에서도 섣불리 당신의 영혼을 소진시키지 않고 조직과 사람을 해석해낼 수 있다면, 그렇게 하나씩 성취감을 느끼면서 조직과 구성원을 마주한다면, 어느새 회사에서 함부로 대하지 않는 그럴듯한 당신의 모습을 발견하게 되리라 믿습니다.

내일 아침에는 일잘러의 DNA, '일센스'를 마음에 품고 일을 시작하는 당신이기를 기대합니다.

이제는 좋은 방향으로 달라질 거라 믿는 새로운 봄에

저자 김범준

차례

❖ **들어가는 글** | '먹고 살기 위해'가 아닌
'잘 살기 위해' 필요한 일센스   » 4

PART 1. 첫 번째 일센스

업무 센스

● **밑바닥을 알면 두려울 게 없다**

　하찮은 일, 더러운 일, 사소한 일에
　반응하는 방법이 달랐던 그는...   » 18

● **문제가 생겼을 때 문제에 빠지지 않는다**

　직장인의 '주적主敵', 직장 상사와 편하게 지내고 싶다면...   » 23

● **잘나가는 그들이 성과에 목매는 이유**

　퍼포먼스의 부족... 이해의 대상은 될 수 있으나
　용서의 그것은 될 수 없다   » 30

● **전체를 알지 못하면 길을 잃는다**

　화장실에서 남몰래 무엇인가를 촬영하던
　그 친구가 찍은 것은...   » 35

● **피드백의 두 가지 키워드, '요청' 그리고 '긍정'**

업무 센스, 대화 센스, 인간미 레벨까지 높이는 피드백의 기술 » 40

● **팀플이 독고다이를 이긴다**

정보 과잉의 시대에 혼자 뛰어보겠다고? » 47

● **누군가에게는 사고가 되는 인사고과**

조직 내 에이스는 다른 사람의 'OOO'이 되는 사람이다 » 51

● **'질문', 일의 맥락을 찾는 기술**

맥락을 알면 개떡같이 말해도 찰떡같이 알아듣는다 » 55

PART 2. 두 번째 일센스

관계 센스

● **'퇴사', 나가는 자의 예의**

나는 네가 지난여름... 아니 십 년 전에 한 일을 알고 있다 » 62

● **직장인의 최고 필수템이 '관계 센스'인 이유**

최근 만난 다섯 명의 평균이 바로 당신이다 » 67

● **거절을 말할 줄 아는 용기**

월급의 임계치를 넘는 감정을 인내할 필요는 없다 » 71

● **Run from(회피) 아닌 Learn from(배움)을 선택**

중요하지 않은 일을 대하는 당신의 태도에
회사는 더 큰 관심을 가진다 » 76

● **'솔선수범'과 '오지랖'은 종이 한 장 차이**

좋은 관계를 위해 '섣부른 악플'보다 조심스런 '무플'을 택하라 » 80

● **건강한 사내 정치의 기술**

직장 내 권력관계... 모르면 모를수록 당신만 손해다 » 84

● **고래도 움직인다는 칭찬, 주기도 받기도 어려운 이유**

그들이 적은 보수, 혹독한 추위에도
선뜻 남극 횡단에 도전한 이유 » 90

● **항상 챙겨야 할 첫째 목록 '눈치'**

일이 꼬이고 인간관계가 꼬인다면 먼저 그것을 살피라 » 96

PART 3. 세 번째 일센스

말 센스

● **'긍정'이 직장인의 능력인 이유**

돈을 받고 일하는 것이라면 항상 준비가 되어 있어야 한다 » 102

● **자기 PR 시대의 무기, '말 센스'**

전략적으로 잘 짜인 자기소개 하나쯤은 있어야 한다 » 108

● 큰 기회가 될 수 있는 스몰토크
　두려움 없이 누군가에게 다가갈 수 있는 작은 기술　» 112

● 직장생활이 편해지는 설득의 기술
　심리전에서 우위에 서려면 두괄식이어야 한다　» 116

● 최고의 보고 기술은 '삼단논법'
　바쁜 그들이 좋아하는 것에 맞추면 상부상조　» 120

● 다르지 않음을 말하는 사람이 승리자
　직장에서 해야 할 게임은 '오징어 게임'이 아니라
　'유사성 찾기 게임'이다　» 125

● 쇼미더애티튜드Show me the attitude
　출근 시간에 늦은 당신이 사무실에 도착해서
　가장 먼저 해야 할 말은?　» 129

● 직장 커뮤니케이션에서의 포장술
　상대방에게 나의 말이 들리게 하려면 두 가지를 기억하라　» 133

● 무장해제시키는 네 글자 "그렇군요!"
　직장에서 버려야 할 생각 '나는 원래 그런 사람이야'　» 138

● '부정'을 현명하게 사용하는 법
　어려움을 말하는 것에도 기술이 필요하다　» 141

● NASA처럼 '엘리베이터 스피치'
　바쁘신 그분들은 내 말을 들어줄 시간이 없다　» 145

PART 4. 네 번째 일센스

글 센스

- ## 평범한 보고서를 빛나게 만드는 '필수템'
  보고서를 들고 갈 때 반드시 지참해야 할
  비장의 무기는 'OO'다 » 150

- ## 보고서에서도 '5W1H'의 힘
  스스로에게 여섯 가지를 질문하면서 글을 쓴다 » 154

- ## 보고서는 읽는 사람을 위한 것
  내가 모르는 영어 약자를 보고서에 썼을 때 생기는 일 » 159

- ## 잘나가는 사람은 대부분 긍정론자
  안 되는 100가지가 아닌 되는 1가지를 써야 하는 이유 » 163

- ## 직장인의 필수템, '숫자인지 감수성'
  숫자를 장악해야 상대방을 제압한다 » 167

- ## 베끼는 것도 최고의 전략
  보고서의 달인으로 인정받는
  가장 쉽고 빠른 방법은 가까이 있다 » 172

- ## 디지털 커뮤니케이션 보고의 기술
  디지털 글쓰기의 최전선에서 비극의 주인공이
  되지 않으려면 » 176

PART 5. 다섯 번째 일센스

이미지 센스

- **책상 밖에서 결정되는 이미지**
  소통과 융화, 협업을 가능하게 만드는 전략 '인사를 잘하자' » 186

- **직장인의 1등급 키워드**
  어떤 수식어를 붙이고 싶은지 고민하라 » 191

- **후각의 기억력을 이용한 이미지**
  나의 고유함을 느끼게 하는 가장 쉽고 편리하며 확실한 방법 » 196

- **혼나는 순간의 반전 전략**
  중요한 건 실수가 아니라 깨지는 순간에 남기는 이미지다 » 201

- **애매할 땐 'FM'이 정답**
  보이는 게 다인 '외모 패권주의'를 살아가는
  직장인의 대응법 » 206

- **"The image makes a person"**
  있는 그대로 보여주면 사랑해 줄 사람이 없다 » 211

우리의 말은, 글은 그리고 태도는 모두 한 사람의 이미지로 귀결된다.
요즘에는 안타깝게도 이를 '디테일'하게 말해 주는 사람을
조직에서 찾아보기 힘들다. 선후배도 없고, 직급도 사라져 버리는
'각자도생'의 험한 세상에서 자기 앞가림해 나가기도 바쁘기 때문이다.
하지만 회사는 여전히 당신에게 바란다. 기본적인, 아니 이왕이면
조직 구성원의 롤모델이 되는 '일센스'를 갖추기를 말이다.
좌충우돌하며 시간이 흐른 후 깨닫기보다는
'일센스'에 관심을 두고 생활한다면 어렵고 힘든 직장생활이
어느새 꽤 그럴듯한 시간과 공간으로 바뀌어 있을 것이다.

PART ① 첫 번째 일센스

업무 센스

밑바닥을 알면
두려울 게 없다

> **하찮은 일, 더러운 일, 사소한 일에
> 반응하는 방법이 달랐던 그는…**

　　　　　TV를 봤다. '건물 5채를 가진 35세 청년'이라는 자막이 나왔다. '서민 갑부'란다. 부모의 도움을 받지 않고, 자신의 힘으로 돈을 벌었다고 했다. 지방의 한 중소도시에서 햄버거를 팔아서 지금의 자리에 왔다는 그는 성공 비결을 묻는 말에 이렇게 답했다.

　"작은 것 하나를 하더라도 '아트art'처럼 해야 합니다. 섣불리 큰일만 하려고 하기보다는 작은 것 하나라도 처음부터 마무리까지 제대로 하는 습관을 기르는 게 먼저입니다. 밑바닥부터 차근차근 올라가는 게 결국에는 가장 빠른 길이라고 생각합니다. 다른 건 몰라도 이 일에 있어서는 기초가 제일 중요합니다. 특히 시작할 때, 배움의 과정에 있을 때는 허세나 쓸데없는 자존심을 모두 내려놔야 합니다."

　'성공했다'는 사람들이 하나같이 입을 모아 말하는 것이 '작은 것에도 최선을 다했다' 그리고 '밑바닥부터 시작했다'이다. 연간 매출 10억 떡집을 일궜다는 또 다른 '서민 갑부' 역시 마찬가지였다. '17세부터 서울 종로의 한 제분소 종업원으로 취업해 10년간 일한 것 즉, 밑바닥부터 시작한 것이 성공 비결'이라고 했다. 대한민국 기업을 일군 창업주 대부분 마찬가지다. '밑바닥부터' 시작한 경험을 자신의 소중한 자산으로 삼는 경우가 많다. 밑바닥부터 시작해 산전수전을 겪은 뒤 지금의 자리에 올랐다고 스스로 평가하는 사람들이 바로 '성공한 그들'이었다.

우리 같은 직장인에게 '밑바닥'이란 무엇일까. 별것 아닌 듯하고 빛나는 일은 아니어도 '회사가 돌아가는 데 없어서는 안 될 바로 그 무엇' 아닐까. 잘 나간다는 상사 또는 선배들과 속 깊은 대화를 나눌 때 그들의 성공담에 빠지지 않고 등장하는 말 역시 비슷하다. '나도 한때는 바닥부터 일했다' 또는 '정말 소소하게 보이는 일도 열심히 했다'라는 레퍼토리가 그것이다. 자신의 분야에서 성공한 사람일수록 작은 기본 업무로부터 성장했음을 자랑스러워한다.

취미 모임에서 만나 친해진 형님 한 분이 있다. 제조업 분야의 기업 임원으로 재직하는 그분 역시 나에게 이런 말을 했다.

"직장생활? 처음에는 나도 힘들었어. 프로젝트의 한 구성원으로 시작했는데… 솔직히 입사하고 처음 1~2년차에는 여러 번 그만두려 했어. 특히 사소한 일, 단순한 일을 시킬 때 더욱 그랬지. '대학원까지 나온 나름 고급 인력인 나에게 이런 일을 시켜?'라면서 짜증이 많이 났거든. 그러던 어느 날부터 생각을 달리했어. 밑바닥부터 다양한 일들을 해보는 것이 어쩌면 나에게 큰 기회가 될 수 있겠다고 생각한 거야. 입사 동기들은 재무다, 전략이다, 하면서 쾌적한 사무실에 앉아 있기야 하겠지만 그들이 과연 이런 현장의 소리, 고객의 소리를 접할 수 있기나 할까? 앉아서 하는 생각과 분석만으로 우리 회사의 사업을 제대로 파악할 수 있을까? 이런 생각이 든 거야. 자신감이 생겼어. '내가 현장이다! 내가 회사다!'라는 자신감 말이야."

직장생활, 나도 할 만큼 했다. 하지만 이런 말을 들을 땐 정말 부끄럽다. '내가 현장이다, 내가 회사다' 이런 생각과 말을 어떻게 할 수 있는 걸까. 나를 되돌아봤다. 윗사람의 지시로 그저 그런 일을 받게 되면 짜증부터 났다. 고객사의 젊은 직원으로부터 클레임을 받으면 '과장인 나에게 말을 함부로 하네?'라고 생각하면서 화가 나고는 했다. 그런데 누군가는 현장에서, 별 볼 일 없는 일을 맡아 하면서도 그것을 자신의 성장을 위한 발판으로 삼고 있었다. 나라면 '대학까지 나온 나에게 이런 일을 시킨다'라고 투덜댔을 텐데, '내가 이런 일이나 하려고 이 회사에 들어왔나?'라며 여기저기에 분통이나 터뜨리고 다녔을 텐데.

나는 몰랐다. 회사라는 곳은 구성원들이 하찮은 일, 사소한 일에 어떻게 반응하는지 궁금해한다는 것을 말이다. 예상외로 기업, 회사, 직장, 조직이라는 곳은 구성원이 자기 일을 어떻게 '하는지' 어떻게 '했는지'보다 어떻게 '받아들이는지'에 대해 관심이 많다는 것을 연차가 어느 정도 쌓인 지금에야 나는 알아챘다. 조금 더 일찍 알아 차렸다면 좋았을 텐데 말이다. 내가 맡은 일의 사안이 기본이고 단순하며 사소할수록 회사는 그것을 조직 구성원이 어떻게 처리하고, 얼마나 소중한 마음을 갖고 대하는지 살피고 있음을 기억해야 했다. 그리고 일의 전체에서 볼 때 그 사소한 일들이 얼마나 중요한 것인지도 알아채야 했다.

다양한 업종과 규모의 회사 리더 그리고 구성원들과 인터뷰를 진행하면서 깨달은 것이 있는데, 일에서 성장하는 사람일수록 자신의 작은 실수에도 매우 민감하다는 것이다. 바닥부터 일한 경험을 소중히 여긴다. 반면 '평범한' 아니, '뒤처진' 직장인일수록 자신의 실수에 대해 여유 있고 낙관적으로 반응한다. 큰일을 위해 작은 것쯤은 대충해도 된다고 생각한다. 중요하게 여기는 대상도 다르다. 잘나가는 리더들은 '현장', '고객' 등을 주요 키워드로 간직하는 반면, 늘 제자리인 직장인일수록 '전략', '기획' 등의 키워드에 빠져 있다. '멋진 일'로 보이고 '멋진 단어'로 포장된 일에만 관심이 있지 그들이 생각하기에 '하찮은' 일에 대해서는 귀찮아했다.

생각하는 바가 다르니 업무에 대한 센스가 제대로 갖춰질 리가 없을 것이다. 결국 제대로 된 '업무 센스'를 갖추지 못한 채 대리가 되고, 과장이 된다. 지속 가능한 기업의 리더라면 반드시 알아야 할 '현장'과 '고객'을 모르니 책임이 커질수록 갈팡질팡하며 실수를 저지

른다. 말실수, 행동 실수 그렇게 업무 실수. 사실 내가 그랬다. 사업 전략 부서에서 일하게 되었다면서 좋다고 '킬킬' 댔다. 하지만 고객을 모르고, 현장을 모른 채로 그렇게 연차가 쌓이면서 '업무 센스'는 한계점에 이르렀다. 결국 리더의 자리에 올랐을 때는 그 무게를 감당하기 어려웠다. 몸과 마음, 모두 피폐해졌다. 창피한 일이다.

평소에 별다른 관심 없이 스쳐 지나갔던 회사의 작은 일들을 떠올려보기 바란다. 그것을 대하는 나의 태도는 어떠했는가. 늦지 않았다. 이제라도 남들이 지나치는 사소한 일, 눈길도 잘 주지 않는 일을 유심히 관찰하고 사소해 보이는 이 일이 업무 과정에 어떤 역할을 하는지, 개선 방향이 보인다면 시도하고자 노력해 보면 어떨까.

내가 첫 직장에 신입사원으로 입사했을 때의 일이다. 그때의 선배들은 복사를 참 많이도 시켰다. '이 문서, 중요하니까 복사 3부 부탁해요.' 나를 포함한 대부분 신입사원 동기들은 투덜대며 복사기 옆에서 선배 뒷담화, 회사 뒷담화에 몰두하면서 시간을 보냈다. 그런데 딱 한 명은 달랐다. 얼굴이 밝았다. 그 친구의 말은 이랬다.

"에이, 뭐 어때. 선배들이 어떤 일에 관심이 있는지 알 수 있잖아. 복사하면서 공부한다고 생각하니까 고맙지 뭐."

그러고 몇 년 지나지 않아, 복사기 앞에서 투덜대던 우리는 누가 먼저 대리가 될까를 고민하던 시절에 밝은 얼굴로 복사하던 그 친구는 잘나가는 글로벌 회사에 팀장으로 옮겨 갔다.

문제가 생겼을 때
문제에 빠지지 않는다

직장인의 '주적主敵', 직장 상사와 편하게 지내고 싶다면…

고백한다. 나는 '부정적 에너자이저Negative Energizer'였다. 직장에서 일어나는 '거의 모든 것'을 부정적으로 대했다. 나에게 떨어지는 업무를 두려움, 지겨움, 의심, 피곤, 의기소침의 프레임으로 대했다. 회사 초년생 시절, 나를 아끼던 선배 한 분이 내게 이렇게 조언했다.

"김범준 씨는 아이디어도 신선하고, 주어진 일도 잘 해내는데, 매사를 뭔가 좀 비판적으로 바라보는 것 같아서 아쉬워."

고맙게 받아들여야 할 이 말에 '세상을 비판적으로 바라보는 게 뭐 어때서?'라면서 마음속으로 반발했다. 돌이켜보면 아쉬운 순간이다. 나의 이 '나쁜 버릇', 고쳐야 했다.

사물은 사용의 대상이기에 잘못을 봐야 하고, 사람은 사랑의 대상이기에 장점을 봐야 한다는 말이 있다. 그런데 나는 누군가를 비판하고, 잘못을 찾아내는 것에 더 힘을 쏟았다. 업무에서도 마찬가지였다. 혼자 일하는 것보다 협업이 중요한 회사에서, 나는 누군가의 잘못이 먼저 보였고 그것을 지적하기에 바빴다. 그 지적이 맞고 틀리고와 상관없이, 나의 부정적 태도로 팀워크가 어긋나면 업무의 진척 속도는 매우 더뎌졌다. 세상을 부정적으로 바라보던 태도가 직장에서 누군가를 대할 때 그대로 드러나기도 했다. 겉으로야 표시를 안 내려고 노력했지만 그렇다고 상대방이 모를 일도 아니다. 나의 부정적 프레임은 그렇게 업무를 그르쳤다. '업무 센스' 부족의 이유가 되었다.

뻔한 이야기라고 생각할지 모르겠으나, 직장인이라면 자신에게 주어진 일에 대해 긍정으로 대하라고 권하고 싶다. 정작 나 자신이 그러하지 못했기에 어색하긴 하지만, 내가 진정 아끼는 후배에게는 꼭 권하는 직장인의 기본 센스다. 조직을 긍정하고 자신을 긍정할 때, 비로소 업무에 대한 긍정도 가능해진다. 피해의식에 절어 화난 고슴도치처럼 온몸을 움츠린 모습으로 자기 주변을 바라보는 사람과 업무를 함께하고 싶은 사람은 없다. 궁지에 몰린 사람처럼 행동하는 것보다 상황을 적극 받아들이는 태도에서 돌파구가 나온다. 인간관계를 넓히고 어쩌면 결국 세상을 살아가는 큰 힘으로 작용하는지도 모른다. 다음의 상황에 대해 생각해 보자.

중견기업에 재직 중인 당신, 오늘도 눈 깜짝할 사이에 하루가 지나갔다. 업무를 슬슬 마감해야 할 오후 5시, 갑자기 부서 회의가 소집되었다. 부서장과 부서원 모두가 모인 회의. 부서장이 어렵게 입을 뗐다. "미안하게 됐는데, 내일 오전에 사장님과 함께하는 중요한 미팅이 잡혔네. 미팅 자료를 만들어야 할 것 같은데, 누가 나를 좀 도와줄 수 있을까?" 이때 당신이라면 어떻게 대답할 것인가?(저녁에 선약이나 할 일은 딱히 없는 경우라고 가정해 보자.)

① [거짓말을 한다] 지난주에 잡은 선약이 오늘이에요. 미리 말씀해 주셨더라도 제가 할 텐데요.

② [만만한 누군가에게 넘긴다] 박 대리가 하는 게 어떨까요? 어때, 박 대리. 나는 마감이 코앞이라서.

③ [어쩔 수 없지만 긍정한다] 네, 제가 하겠습니다.

④ … (말 없음)

⑤ 정답 없음

①이나 ②를 골랐는가. 고백하자면 내가 그랬다. 인상을 한껏 써 가면서, 나를 건드리지 말라는 모습으로 말이다. ③을 골랐다면 평균적인, 아니 중상급 구성원은 된다고 할 수 있다. 사실 실제 상황에서는 대부분 ④의 모습을 한다. 고개를 푹 숙이고 인상을 쓴 채로 아무 말도 없이. '투덜이'로 직장을 다녔던 나였지만 지금이라면 ⑤를 고를 것이다. 정답을 내 나름대로 이렇게 구성할 테다.

"사장님께 올릴 자료라니 힘드실 텐데 제가 돕겠습니다. 대신 팀장님… 끝나고 한우 등심 사주셔야 합니다."

이 사례는 한 중견기업에 근무하던 팀장이 말해 준 이야기다. 과장급인 자신의 팀원이 돕겠다고 나서면서 한우 등심 사달라고 하는데, 그게 그렇게 고마웠다고 한다.

"팀장인 저 혼자 하기에는 벅차서 도움을 요청했는데 적극적으로 나서는 팀원이 그렇게 예뻐 보일 수가 없더라고요."

이후 팀장이 이 팀원을 바라보는 눈이 어땠을까. 우스갯말로 군인의 주적은 북한이 아니라 간부이며 회사원의 주적은 경쟁사가 아니라 직속 상사라고 하는데, 이렇게 긍정적인 태도 하나로 직속 상사와 관계를 튼(!) 구성원이라면 차후 업무가 쉽게 풀릴 수밖에 없을 것이다. 상황에 대한 능동적 해석으로 상대가 원하는 바에서 한 걸음 더 나아가는 '적극적인' 태도로 업무를 대한다면 당신의 '업무 센스'는 한 뼘 성장할 것이다.

'업무 센스'는 관계를 잘 만드는 것에서 시작되고, 좋은 관계는 상대방에 대한 긍정, 정확히는 자신이 맡은 업무에 대한 긍정으로부터 시작된다. 나는 이걸 잘 몰랐다. 매사를 비판적으로 보는 습관을 고치지 않은 채 주어진 일에 부정적 색안경을 쓰고 바라봤던 내 모습은 결국 관계를 훼손했고, 관계로부터 얻을 수 있는 '업무 센스'를 망쳤다. 의견을 표현하는 기술이 부족해 늘 날서 있었고, 어떤 일이든 일단 비판적으로 보았다. 그런 내 주장이 맞다고 생각하면 끝까지 굽히지 않았다. 나아가 회사, 그리고 부서에 대한 '뒷담화'는 일상이었다. "뭐, 이렇게 시키는 게 많아?" "그게 가능한 목표야? 이거 너무 하는 거 아니야?" "내가 이런 일까지 해야 해?"

회의 등 공식적인 자리에서도, 동료와의 개인적인 만남에서도, 회사에 대한 나의 불만을 쏟아내는 것에 거침이 없었다. 일의 전체적인 흐름이나 과정보다 당장 그 일이 마음에 들지 않으면 총대를 메고 윗사람에게 문제를 따지고 덤벼들었다. 그것을 본 동료들은 '넌 정말 불의를 못 참는 사나이 중의 사나이'라고 응원(?)해 주었다. 그 말에 나는 '할 말은 하는 사람', 한 마디로 '쿨cool'한 사람이었다(고 스스로 생각했다). '그래, 잘못된 것에 대해 잘못됐다고 말하는데 무슨 문제야?'라며 내 행동이 타당하다고 생각했다.

나는 몰랐다. 회사는 놀이 공간이 아니라는 것을. 내가 아침 9시부터 6시까지 근무하는 그 시간은 내가 마음대로 조절할 수 있는 자유 시간이 아니라, 조직이 급여를 지급하는 대가로 계약된 시간이라는 것을. 계약 관계 속에서 필요한 '업무 센스'의 기본은 긍정의 힘을 바탕으로 협의하고 조율해 나가는 것인데 나는 부정의 언어로 내 생각만 밀어붙이면서 퇴보하고 있었다. 그래서? 결국 나는 불이익을 얻었다. 인사고과, 진급, 평판 등 모든 면에서 말이다. 실적, 성과, 역량 모든 것은 최고 수준이었지만 긍정에서 비롯된 '업무 센스' 하나가 부족했는데 그 부족한 센스 하나가 나의 발목을 잡았다.

여기서 잠깐, 비밀 아닌 비밀을 하나 말하고 가련다. 회사는 누구를 중심으로 돌아가는가. 바로 당신, 조직의 구성원인 평사원이라고? 착각이다. 회사는 부서장이나 팀장, 임원 그리고 CEO 등의 리더를 중심으로 돌아간다. 회사가 평사원인 나를 중심으로 돌아간다고 생각하는 순간, '말을 함부로 하는 게 그리 문제가 될 것은 없다'라고 착각하기 쉽다. '내 입맛대로' 회사가 움직이기를 기대하는 판단오류를 범한다. 물론 우리가 부서장이 되고, 임원이 되며, CEO가 되면 그때부터 회사는 우리를 중심으로 돌아갈 수 있다. 그러니 그때까지는 참으라. 나와 당신, 아직은 주인공이 아니다.

유통업 분야의 대기업에서 임원의 자리에 오른 한 분과 대화한 적이 있다. 참고로 그분은 여성이었다. 그에게 물었다. "상무님, 윗사람으로부터 잘못된 지시나 부당한 요구를 받으면 어떻게 해야 합니까. 지금의 자리에 올라오면서 그런 경험 많으셨을 텐데 궁금합니다." 철없는(!) 나의 질문에 미소를 지으며 이렇게 답했다.

"지금의 자리에서도 조직의 논리를 구성원에게 설득하는 일은 여전히 어렵습니다. 겉으로는 '지시'지만 속으로는 '부탁'의 마음입니다. 그래서 그 순간에 한번 해보겠다며 긍정으로 대답해 주는 친구들이 예쁩니다. 아무래도 그런 친구에게 정이 더 가죠."

'업무 센스'는 어려운 엑셀 함수를 쓰는 것, 현란한 파워포인트 장표를 만드는 것보다 긍정의 태도, 수용의 말 한마디에서 시작된다. 사실 직장이라는 곳에서의 업무는 적절한 시기에 알맞은 공간에서

'일 생겼소!'라며 등장하지 않는다. 엉뚱한 순간에 짜증 나는 공간에서 갑자기 툭 튀어나온다. 그때 나는 부정하고 회피했다. 나쁜 경험이란 없으며, 오히려 딛고 일어서는 사람에게는 좋은 경험이라는 평범한 진리를 몰랐던 것이었다. 그 결과는? 그랬다. 나는 '딱 그만큼'의 구성원 그 이상도 이하도 아닌 어정쩡한 포지션으로 직장생활을 했다. 남들이 성과를 내고 승진을 하고 성장하는 모습을 보일 때 나는 그것을 시기의 눈으로 지켜보아야 했다.

당신은 나와 다르게 시작하기 바란다. 대단한 것을 하라는 말이 아니다. 그저 '업무 센스'의 기본이 '긍정'임을 잘 기억하기만 해도 중간은 간다.

잘나가는 그들이
성과에 목매는 이유

퍼포먼스의 부족… 이해의 대상은 될 수 있으나
용서의 그것은 될 수 없다

[사례 1]

팀장: 그 프로젝트, 어떻게 되어 가고 있어요?

대리: 아직 미흡합니다. 운영부서의 피드백이 아직 도착하지
　　　않았습니다.

팀장: 대충해요. 장사 하루 이틀 해요? '와꾸'나 좀 신경 써서
　　　보고서만 잘 만들면 되지.

대리: 그런데 보고는 잘 넘어간다고 해도 운영 시작되면 현재
　　　시스템으론 무리가….

팀장: 괜찮아요. 일단 납기만 지키면 됩니다.

대리: …

[사례 2]

> 팀장: 그 프로젝트, 어떻게 되어 가고 있어요?
>
> 대리: 아직 미흡합니다. 운영부서의 피드백이 아직 도착하지
> 않았습니다.
>
> 팀장: 그래요? 제대로 된 성과가 중요합니다. 마지막까지
> 점검합시다. 끝까지.
>
> 대리: 그리고 이게 잘 넘어간다고 해도 운영 시작되면 현재
> 시스템으론 무리가….
>
> 팀장: 불안한 부분은 함께 고민해 보죠. 두 번 일하지 않게, 한
> 번에 멋지게 끝냅시다.
>
> 대리: 네, 알겠습니다.

'퍼포먼스 performance'는 '공연', '연기'라는 뜻이 있지만 직장인인 우리에게는 '실적' 혹은 '성과'로 익숙한 단어다. 성과란 무엇일까. 성과는 기준이 된 '이전 before'보다 나아진 '이후 after'를 의미한다. 단순한 결과치가 아니라 이전보다 나아진 상태가 퍼포먼스 혹은 성과다. 전략적인 목표를 가지고 의도적인 노력을 통해 얻어낸 결과인 성과로부터 자유로운 기업은 대한민국에 없다. 회사 전체 측면에서 중요한 요소이므로, 개인 차원에서도 성과는 '업무 센스'의 수준을 가늠하는 기준이 될 수밖에 없다. 돈을 받고 일하는 사람에게 성과란 그 사람이 '프로'냐 '아마추어'냐를 판가름하는 정량적인 기준이다.

직장에서 잘나가는 사람이라면 이미 성과에 관한 한 일가견이 있을 것이다. 사업부서에 있다면 빛나는 신규 서비스 혹은 상품을 창출하는 인재일 것이고, 영업부서에 있었다면 매출 목표에 대해서만큼은 그 누구보다 압도적인 실적을 낸 경험이 있는 사람일 테다. 주변에 잘나가는 리더를 떠올려보자. 다른 건 몰라도 성과 검증 없이 그 자리에 오르지는 못했을 것이다. 개인적으로도 한참 성과가 잘 나왔을 때 인사고과에서 3년 연속으로 부서 최고 수준의 평가를 받았고, 그제야 비로소 리더 자리에 오를 수 있게 되었다.

성과에 민감할 줄 아는 사람이 '업무 센스'에도 강하다. 조직이 원하는, 성과를 낼 줄 아는 구성원이 되고자 한다면 다음의 세 가지를 기억했으면 한다.

첫째, '대충'을 거부한다.

"괜찮아, 일단 납기만 지키면 되지, 뭘." "대충해, '와꾸'만 신경 쓰면 끝나는 거야." "일단 하기만 하면 된 것 아니야?" 이런 말들, 함부로 내뱉지 말아야 한다. '대충'이라는 생각이 '업무 센스'를 오염시키게 하면 안 된다. 대신 '치열함'을 받아들이자.

"마지막 순간이다. 다시 한번 점검해 보자."

"경쟁사를 이길 수 있는 제안으로 세팅하겠어."

"결과가 나쁘면 모든 게 제로야. 조금만 더 신경 쓰자."

둘째, '포기'라는 말을 버린다.

'낙관적 인내'를 업무에 있어서 늘 갖도록 해보자. 영업부서에 근무하는 당신, 동료가 방문을 통해 실적을 올려야 하는 상황인데 노력한 만큼 결과가 나오지 않는 상황이라면 어떻게 말해 줄 것인가. "세 번이나 방문했는데도 반응이 없는데, 뭘 또 하려고?" "왜 그렇게 미련을 두는 거야?" "그거 아니어도 할 거 많아." 물론 상황에 따라 다르긴 하겠지만 이렇게 포기라는 말을 함부로 입에 올리는 것만큼은 조심했으면 한다.

"이왕 한 거 열 번을 목표로 해서 방문해 봐. 필요하면 나도 같이 갈게."

"이왕 시작한 거, 제대로 끝은 봐야지? 포상자 명단에 이름 한번 올려 봐."

"이게 안 되면 다른 것도 안 되는 거야. 끝까지 해보자."

셋째, '무책임'과 멀어진다.

결국 성과가 핵심이다. "결과가 뭐 중요해. 일단 했다는 게 중요하지." "솔직히 안 되는 거 알고 시작한 일 아니었나?" "내가 하자고 한 게 아닌데 뭐 어때? 임원께서 알아서 하겠지." 혹시 이런 말을 쉽게 입에 올리고 있지는 않은지 모르겠다. 몇 개의 자기 증명만으로 직장인의 책임을 다했다고 생각해서는 안 된다. 직장생활은 끝없는 게임이며, 그 게임에는 자기 자신의 책임감이 필수이고, 그 책임감이 비로소 우리의 안정감을 보장해 준다는 점을 기억했으면 좋겠다. 그러기 위해서라도 퍼포먼스만큼은 타협하지 말자. 자기 일에 관한 한 '전사戰士, warrior'로 변신(!)해야 한다.

"끝까지 책임져야지. 고객에게는 내가 회사의 대표 선수니까."

"일단 했으면 무엇인가를 얻어야지. 성공했으면 실적을, 실패했으면 교훈이라도 얻어서 새롭게 시작하는 게 옳아."

예전에 모셨던 한 임원의 말씀이 기억난다.

"부족한 퍼포먼스… 이해의 대상은 되지만 용서의 그것은 아닙니다."

솔직히 그때는 '뭐, 저렇게 무섭게 말씀하시는 걸까?'라면서 대수롭지 않게 듣고 흘렸는데 지금은 그때 나의 무관심했던 태도를 반성한다. 퍼포먼스에 대한 안이한 생각이 직장생활을 힘들게 했기 때문이다. 만약 내가 조금 더 일찍 '조직 전체와 개인에게 주어진, 목표에 대한 도달의 정도', 즉 성과에 대해 좀 더 치열한 의식을 가졌더라면, 조직과 나에게 주어진 KPI(Key Performance Indicator), 즉 핵심성과지표 등에 대해 좀 더 악착같았다면 좀 더 나은 '업무 센스'를 지닌 꽤 괜찮은 구성원으로 인정받을 수 있지 않았을까 하는 아쉬움이 짙게 남는다.

전체를 알지 못하면
길을 잃는다

**화장실에서 남몰래 무엇인가를 촬영하던
그 친구가 찍은 것은…**

꽤 오래된 일이다. 아마 입사한 지 몇 년 되지 않았을 때였을 것이다. 오랜만에 입사 동기를 만났다. 만난 장소는 화장실이었다. 지방에 배치받은 동기였기에 반가운 마음이 컸다.

"어떻게 지내?"

"잘 지내. 회의가 있어서 본사에 왔어."

"다음에 만나면 밥 한번 먹자."

"그래."

볼 일을 마치고 세면대에서 손을 씻는데 '찰칵' 하는 소리가 났다. 이상한 느낌이 들어서 동기를 바라보니 핸드폰 카메라로 뭔가를 찍고 있었다. '응? 뭐 하는 거지? 가만, 저건 CEO 메시지 아니야?' 그랬다. 동기가 사진으로 찍고 있는 건 남자화장실 소변기 앞에 붙어있는, 인사 부서에서 열심히 붙이긴 했지만 거의(!) 아무도 관심 두지 않는 'CEO 메시지'였던 것이다. 뭐 그런 것 있지 않은가. "우리 회사는 가족 같은 회사로, 투명한 소통을 통해 성과를 이루고…."

"너, 뭐하냐?"
"응? CEO 메시지 사진 찍었어."
"사진을 왜 찍어? 그걸로 뭘 한다고?"
"뭐하긴, 챙겨서 읽으려고 그런 거지. 회사 돌아가는 거 알 수 있잖아."

멍하게 있는 나를 뒤에 두고는 유유히 화장실을 나서던 그 친구…. 이후 나는 다른 회사로 이직하게 되었으나 차후 듣게 된 그의 소식을 토대로 나와 그의 '타임라인'을 비교해 보면, 내가 팀장 보직을 받지 못하고 있을 때 그는 그 누구보다도 먼저 팀장이 되었고, 내가 갓 팀장이 되었을 때 그는 임원이 되었으며, 내가 방황할 때 그는 꽤 괜찮은 중견기업의 부사장으로 '스카우트'되었다. 물론 각자의 역량 차이가 있겠지만 나는 이 로드맵의 차이를 화장실에 붙어 있는 CEO 메시지를 대하는 그의 모습으로부터 찾았다.

그 친구와 나는 회사를 바라보는 눈부터가 달랐다. 그는 모든 업무에 회사 전체를 바라보는 눈을 갖고 임했고, 나는 주어진 업무 그 자체에 급급해서 회사 사정 따위(?)는 소위 '아웃 오브 안중'이었다. '업무 센스'의 범위부터 차이가 있었던 것이다. 하지만 나는 그 차이를 깨닫고도 정신을 차리지 못해 '업무 센스'의 토양을 다지지 못했다.

팀장의 자리에 있을 때다. 팀 내 현안을 보고 중이었는데 임원께서 질문을 던졌다. "김 팀장, 자네는 우리 회사의 비전이 뭐라고 생각하는가? 보고서를 아무리 찾아봐도 회사의 비전과 관련하여 고민한 흔적을 찾아볼 수 없어서 하는 말이야." 나는 이렇게 답했다. "회사… 비전이요? 저와 우리 부서의 업무 목표에 대해서는 장표 두 번째 페이지에 썼습니다만…." 그러자 손짓을 하며 내 말을 자른 임원분이 해주신 말씀은 다음과 같았다.

"실망인데? 회사 비전에 대한 팀장의 인식이 그 정도라면 아쉬워. 회사의 비전은 직장인이라면 항상 품고 다녀야 할 중요한 가치네. 그저 보이려고 만들어 둔 액자 속의 말이 아니라는 거지. 이제부터라도 회사의 비전을 말과 행동에 녹이려 노력해 보면 어떨까."

'업무 센스'라고 하면 우리는 남다른 기술적 노하우, 최신 프로그램 사용 여부 등을 떠올린다. 물론 이런 것들이 업무에 도움을 주기도 한다. 하지만 기술 이전에 우리는 조직의 구성원이다. 조직이 어디로 흘러가는지 알지 못하면 내가 어디로 가는지도 알 수 없다. 전체를 모르면 모든 것을 잃는다. 비전을 모르면, 미션을 무시하면, 핵심 가치를 우습게 여기면 우리의 업무는 갈 길을 잃은 것이나 다름없다.

우리가 대수롭지 않게 여기는 비전을 회사는 생존의 핵심 개념으로 규정했다. 그저 주어진 업무목표만 달성하면 그것이 회사의 비전에 동참하는 길이라고 스스로 판단했겠지만, 이 판단, 회사가 보기에는 착각이다.

대전에 유명한 빵집이 있다. '성심당'이라는 곳이다. '고작 빵집?'이라고 생각하면 오산이다. 2015년과 2016년에 대전상공회의소가 '대전의 대표 브랜드'를 묻는 설문 조사를 했는데, 프로야구 '한화 이글스'를 제치고 이 빵집이 2년 연속 1위였다. 수십 년의 '업력業力'을 자랑하는 이곳, '튀김 소보로'라는 빵 하나의 누적 판매량이 4,000만 개에 이른다니 대단하다. 이곳의 성공 비결은 무엇일까. 나는 이 빵집의 사훈에서 성공의 근거를 추측했다.

"모든 이가 다 좋게 여기는 일을 하도록 하십시오."

소박하지만 아름답다. 이 문구의 '모든 이'에는 매장에 빵 사러 오는 손님만이 아닌, 직원과 거래처, 협력업체는 물론 경쟁사까지 포함된단다. 매달 어려운 이웃에게 상당량의 빵을 아낌없이 전달하고 이윤의 상당 부분은 공공의 이익을 위한 재원으로 사용한다고 하니 그야말로 '좋은 기업'이다. 여기서 퀴즈를 하나 내겠다. 당신이 성심당의 직원이라고 가정하고 '업무 센스' 여부를 확인해 보자. 어느 날 사장님이 문득 당신에게 성심당의 비전에 대한 의견을 물어봤다고 치자. 어떻게 대답할 것인가.

① 일개 직원인 제가 비전에 대해 뭘 알겠습니까? 그저 '맛있는 빵을 만들자' 이런 거죠.

② 잘 외우고 있습니다. '모든 사람이 좋게 되도록 하라.' 맞죠? 그런데 왜 물어보세요?

③ 우리의 비전은 '모든 이가 다 좋게 여기는 일을 하도록 하자' 는 것입니다. 저는 경영지원 부서 소속이지만 제 업무가 고객, 파트너사, 조직 구성원 모두에게 좋은 일이 되게 하겠습니다.

나는 ①처럼 살았던 사람이다. 나의 업무를 한정하려 들었다. 당신은 ③과 같이 생각하면서 업무의 범위를 넓히고 또 그것을 말과 행동으로 표현할 수 있었으면 좋겠다. 회사의 비전을 자신과 무관한 것이라고 단정 짓지 말고 큰 틀에서 고민하는 당신의 '업무 센스' 업그레이드를 기대해 본다.

피드백의 두 가지 키워드,
'요청' 그리고 '긍정'

업무 센스, 대화 센스,
인간미 레벨까지 높이는 피드백의 기술

한 성인聖人**이 제자들에게** 자신의 가르침 중에서 조금이라도 의심스러운 점이 있는지 물었다. 제자들은 아무 말도 없었다. 스승의 가르침을 감히 의심해 본 적이 없기 때문이었다. 성인은 말했다. "의심하지 않는 것을 나에 대한 존중이라고 생각한다면, 나중에 너희 친구들에게게라도 나에 대한 의문을 알리도록 해라." 제자들이 친구에게 말해서라도, 그렇게 간접적으로라도 제자들의 의문, 의심 혹은 반대 의견을 듣고자 했다. 진정한 스승의 태도를 보여 주는 이야기다.

'피드백 feedback'이란 단어는 직장인이라면 익숙한 키워드다. 개인적으로는 이 이야기가 피드백의 개념을 제대로 설명한 최고의 사례라고 생각된다. 피드백을 단지 회의가 끝날 때쯤에 윗사람으로부터 일방적으로 들어야만 하는 그 무엇으로 알고 있었다면, 이제 그 생각을 바꾸면 어떨까 한다. 피드백이야말로 괜찮은 '업무 센스'를 위해 꼭 갖추어야 할 비장의 무기이기 때문이다.

안타깝게도 피드백은 우리 직장인들에게 부정적인 이미지인 경우가 흔하다. 왜 그런 걸까? 피드백을 '강자가 약자에게 일방적으로 강요하는 지시' 정도로 생각하기 때문이다. 사실 나 역시 그랬다. 팀장으로서 팀원을 불러서 "홍길동 씨, 보고서가 체계가 없어요. 다시 써 오세요" 이런 걸 피드백을 줬다고 여겼으니까. 부끄러운 흑역사다.

지금도 많은 직장에서 비슷한 장면이 반복되고 있을 것 같다. 혹시 윗사람으로부터 "홍길동 씨, 제가 지금 말한 것에 대해 피드백 좀 해주시겠습니까?"라고 하는 경우를 들은 적이 있는지 모르겠다. 오히려 그 반대가 대부분일 테다. '홍길동 씨, 이제부터 제가 피드백을 하겠습니다'처럼 윗사람이, 연장자가, 강자가 하는 커뮤니케이션 수단으로서의 피드백이 흔하다. 이름만 피드백이지 실제로는 '내가 말하는 거 잘 받아 적고 잘 기억해!'라는 일방적인 대화 수단으로 말이다. 피드백을 듣는 사람 역시 '나의 잘못을 지적받고 질책 사항을 군말 없이 받아들이는 과정'이라고 생각하고 있으니, 피드백 속에 진심, 걱정, 따뜻함, 배려 등의 좋은 의미가 있을 리 없다.

'내가 더 많이 알고 있으니, 내가 더 높은 위치에 있으니, 당연히 상대방에게 충고할 수 있는 권리'가 피드백이 아니다. 피드백은 '당신이 알고 있는 것을 나는 모른다. 그러니 제발 더 많은 말을 해 달라'

에 제대로 된 의미가 있다. 피드백 주는 사람의 '당연한 권리'가 아니라 피드백 요청하는 사람의 '정중한 부탁'이고, 업무를 더 잘하기 위해서 내가 잘 모르는 것을 잘 아는 사람에게 그 어려움을 털어놓고 다시 받아들이려는 과정이 피드백이다.

직장인에게 늘 부담으로 다가오는 보고, 그리고 보고서 역시 피드백의 틀 속에서 진행되어야 마땅하다. 연차가 1년, 2년 쌓이면서 후배가 생기면 피드백을 잘 활용하는 선배가 되어야 한다. 피드백의 개념을 명확히 하기 위해 다음의 두 문장을 확인해 보고 무엇이 제대로 된 피드백인지 살펴보자.

① "그래, 보고는 잘 들었는데, 이제부터 내가 피드백하는 거 잘 들어."

② "그래, 보고 잘 들었고, 내가 잘 모르는 게 있어서 그러는데 혹시 말해줄 수 있을까?"

①은 '가짜 피드백'이다. ②가 '제대로 된 피드백'이다. 지금까지 우리가 생각했던 피드백과는 전혀 다를 것이다. 그렇다. 피드백은 '전달'이 핵심이 아니라 '요청'에 방점이 있다. 피드백을 마치 똑똑한 사람이 잘 모르는 사람에게 명령하는 말하기로 착각하게 되면 피드백을 받는 사람은 반발심을 갖게 되고, 피드백을 하는 사람은 대화를 이끌어갈 수가 없다. 이렇게 되면 피드백은 일방적인 지시, 거절할 수 없는 수용,

이런 것들만 뇌리에 남게 되어 결국 정작 피드백이 필요한 사람도 어려운 업무, 복잡한 업무를 혼자 끙끙대며 씨름하는 편을 택하게 된다.

피드백은 말하기를 위한 게 아니다. 피드백은 더 잘 듣기 위해 상대방의 말에 반응하는 기술이다. 그래서 우리의 피드백은 달라져야 한다. 그동안 일방적인 소통의 피드백을 해 왔다면, 아니 그런 것을 피드백으로 잘못 알고 있었다면, 제대로 된 피드백을 위해서 다음의 두 가지를 염두에 두고 일상에서부터 훈련해 보자. 이를 통해 직장에서 피드백을 주고받을 때도 자신감이 생길 것이다.

우선, 사람들에게 '요청'할 줄 알아야 한다. 정중하게 상대방을 향해 나 자신을 물어보는 것이다. 상대방은 그 누구라도 좋다. 회사 동료든, 동호회 친구든, 아내든, 남편이든, 자녀들이든 모두 괜찮다. "저는 사무실에서 어떤 사람으로 보였나요?" "나는 집에서 어떤 남편이고 아빠야?" "나는 일상에서 너에게 어떤 친구로 보여?"

둘째로 상대방의 답변을 '긍정'으로 받는다. 이게 참 어렵다. 누군가의 말에 상처를 쉽게 받는 유형이라면, 부정적 내용의 피드백을 받으면 극복하기가 힘든 유형이라면 자존감을 키우는 게 피드백을 배우는 것보다 먼저일 수 있다. 타인의 말을 겸손하게 받아들일 준비가 되어 있지 않다면 피드백을 받고 배우는 기회는 잠시 뒤로 미루어야 한다.

이쯤에서 긍정적 피드백 중에서도 최고의 사례를 하나만 들어보고자 한다. 어린 나이에 모델로 데뷔, 연기자를 거쳐 현재도 왕성한 활동을 하는 배우는 누군가의 단점을 말해달라는 부탁을 받을 때 이렇게 말했다고 한다.

　"○○ 오빠는 너무 다정한 게 단점이에요. 저랑 같이 다니는 스타일리스트 동생, 메이크업 동생까지 오빠가 나타나면 표정이 좋아질 정도였죠. 현장 구석구석 챙기느라 피곤했을 것 같아요. 이제 오빠 체력도 안배했으면 좋겠어요."

　"×× 선배는 너무 센스가 있는 게 단점이에요. 둘이 같이 어울리는 장면을 촬영했는데 제가 미처 생각하지 못하는 감정까지 파악하셨어요. 부끄러웠어요."

　"△△ 씨는 눈이 너무 서정적이라 감정이 일찍 잡혀요. 예를 들자면 풀샷 장면을 찍고 바스트샷을 찍는데, 풀샷 때부터 수많은 공기를 지니고 있어서 그때부터 감정을 다 쏟게 만드는 게 단점이에요. 감정을 지속해서 잡기는 좋은데 제가 일찍 지쳐서 저는 속도를 조금 조절해 보려고요."

　혹시 당신은 누군가의 단점을 말해 달라고 했을 때 이렇게 말하지는 않았는가?

　"○○ 오빠는 너무 자잘한 곳까지 다 신경 쓰는 게 단점이에요.

그냥 연기에만 신경 쓰면 될 것을, 저랑 같이 다니는 스타일리스트 동생, 메이크업 동생까지 챙기더라고요. 그렇게 현장 구석구석 챙기면 연기에 집중하지 못할 텐데요. 그게 단점이에요."

"×× 선배는 저를 부담스럽게 해요. 둘이 같이 어울리는 장면을 촬영했는데 제가 미처 생각하지 못하는 감정까지 파악하더라고요. 그러면 민망하고 호흡이 안 맞잖아요."

"△△ 씨는 제 감정을 쉽게 소모하게 해서 문제예요. 예를 들자면 풀샷 장면을 찍고 바스트샷을 찍는데, 풀샷 때부터 수많은 공기를 지니고 있어서 그때부터 감정을 소진하게 만들어 버리거든요. 오빠랑 연기하면 너무 힘들어요. 같이 하기 싫어요."

어떠한가. 피드백은 '요청'과 '긍정'으로 이루어져 있음을 깨닫고 일상에서의 피드백을 넘어 직장에서의 피드백에도 능숙해질 준비를 했으면 좋겠다.

피드백에서 하나 조심할 것이 있으니 '솔직함'이다. 솔직함은 타인에게 큰 상처를 준다. 내용은 물론 형식도 마찬가지다. "나니까 이렇게 이야기하는 거야. 객관적으로!"라는 말을 피드백이라고 생각한다면 얼마 지나지 않아 당신 주위에 아무도 없음을 발견하게 될지 모른다. 상대방을 홀리는 감언이설의 거짓말을 하라는 게 아니다. 같은 말이라도 이왕이면 따뜻하고 사랑 가득한 말로 피드백하길 바란다는 것이다. 예를 들어 "너는 술을 너무 먹어"라고 말하는 대신

"너는 회식 자리에서 분위기를 참 잘 살려. 그런데 다음 날 힘드니까 이제 건강 생각해서 줄여 봐. 넌 결단력이 있으니까 끊는 것도 좋고"라고 하는 것이다. 이런 피드백 하나로 '업무 센스' 레벨을 높일 수 있게 된다.

지금은 '협업의 시대'라고 한다. 원격근무, 재택근무가 확산되면서 물리적 거리는 멀어졌지만, 소통의 도구가 다양해지면서 시간과 공간을 거슬러 접촉은 오히려 더욱 밀접해졌다. 이런 상황에서 문자 메시지 하나도 조심해서 전달하고 또 받아들이며 적절하게 피드백할 줄 알게 된다면 자신의 업무를 발전시켜 나감에 모자람이 없을 것이다. 그러니 '상대방의 말을 좀 더 잘 듣기 위함'이 피드백의 근본임을 깨닫고 상대방의 좋은 점을 아낌없이 받아들이겠다는 수용의 태도로서 타인을 받아들여 보자.

피드백은 자신의 부족을 깨달은 겸손의 마음으로부터 시작된다는 사실과 피드백의 성공 여부는 말하려는 사람의 몫이 아니라 들으려는 사람의 몫임을 기억하자.

팀플이
독고다이를 이긴다

> ## 정보 과잉의 시대에
> ## 혼자 뛰어보겠다고?

　　어렵고 힘든 과정을 거쳐서 한 회사에 들어간다. 신입
사원 꼬리표를 떼면서 연차가 쌓인다. 나름 뭘 좀 아는 것 같고 그 와
중에 '나도 이제 경력자'라는 생각이 든다. 업무장악력도 커지고, 나
의 경험과 지식에서 나온 정보에 대한 믿음이 강화된다. 이때다. 타
인의 말과 행동, 심지어 경험과 지혜까지 무시하는 태도가 스멀스멀
올라오는 시기. 어쩌면 지금 우리의 모습은 아닌가? 후배나 동료의
말은 물론 상사의 지시도 가볍게 느껴진다면, 그래서 상대방이 말하
는 중간에 함부로 끊거나, '너는 말해라, 나는 안 듣는다'라는 표정을
짓고 있다면, 경계하자. 순간적으로 큰 실수를 범할 수 있음을.

　'라이너스 폴링 Linus Pauling'이라는 미국의 화학자가 있다. 1954년
노벨 화학상, 1962년 노벨 평화상 수상자다. 한 번도 받기 힘든 노벨

상을 무려 두 번이나, 그것도 단독으로 수상했다. 그의 말이다.

"좋은 아이디어를 내는 최고의 방법은 많은 아이디어를 얻는 것이다 The best way to get a good idea is to get a lot of ideas."

복잡한 업무가 닥쳐 왔을 때 어떻게 해야 할까? 혼자서, 독단적으로 처리하면 될까? 나 혼자만으로는 힘에 겨운 업무라면 타인의 도움을 받는 것이 현명하다. 다양한 생각을 통해 우리의 '업무 센스'는 한 단계 업그레이드된다. '아는 척'을 버리고 자신이 가진 것을 내려놓은 후 타인의 말에 귀를 기울이는 순간 업무는 풀려나간다. 성과는 자연히 따라오게 될 테다.

"세 사람이 길을 가면 반드시 나의 스승이 있다 三人行必有我師."《논어》에 나오는 이 말은, 세 사람이 모이면 그중 나보다 나은 사람에게서 좋은 점을 본받고, 나보다 못한 사람을 보며 나의 부족한 부분을 바로잡는다는 의미다. 세 사람만 모여도 본받을 만한 것이 있는데, 하물며 회사라는 거대한 조직이라면 어떻겠는가.

상사나 동료로부터 배운 지식이 모이고 모여 우리의 업무 역량은 올라가고, 이는 성장 동력이 된다. 누군가가 우리에게 도움이 될 수 있는 고급 정보를, 역량을 갖고 있음을 인정하고 그것을 수용하겠다는 마음가짐을 업무에 포함한다면 '업무 센스' 하나만큼은 괜찮은 사람으로 평가받을 날도 머지않을 것이다. 실제로 대한민국의 기업은 조직 구성원의 '팀플', 즉 '팀플레이 team play'를 그 어느 때보다 중요하게 여긴다. 팀워크와 화합을 중시하는 사람, 겸손할 줄 아는 사람이 혼자만의 실적을 중시하며 오만과 편견에 가득한 사람을 이긴다는 것을 기업도 잘 알기 때문이다.

지금은 정보 과다의 시대다. '누가 더 많은 지식을 갖고 있는가?'는 이제 승진과 성공을 보장하지 않는다. 나의 정보와 내 주위의 그것들을 어떻게 결합해 제대로 된 성과를 만들어내는가가 조직과 개인의 주요 과제가 되었다. 정보 과잉의 시대에 나 혼자만으로는 문제를 해결하기가 더욱 힘들어졌다. 한 부서의 구성원으로서 누군가에게 도움을 주고, 반대로 도움을 받으면서 일할 수 있어야 한다. '인생은 독고다이야!'라고 외치는 버릇이 '업무도 독고다이야!'로 전염되지 않기 바란다. '업무 센스'를 높이려면, 성과를 얻고 싶다면, 다른 구성원으로부터 도움을 받아 진정한 협업 체제를 이루는 것이 먼저다.

직장인에게만 필요한 태도일까. 국밥집을 하는 한 어머니의 이야기가 떠오른다. 그분은 가게를 이전하면 우선 주변의 정육점부터 찾아 단골이 되었다고 한다. 국밥의 육수를 내리면 잡뼈나 자투리 고기, 내장 부속 등이 필요한데, 단골이 되면 이런 것들을 그냥 주기도 하기 때문이란다. 그런데 자주 찾아가고 많이 구입한 것만이 주변 정육점의 단골이 된 비결일까. 아니다. '겸손'이 핵심이었다.

엄마가 정육점 단골이 되는 비법은 의외로 간단했다. 우선 고기를 통째로 받아 분해 작업까지 하는 정육점을 찾았다. 한동안 매일 가서 고기를 샀다. 국거리로는 업진양지와 차돌양지를 섞어서, 불고기로 떡심 박힌 등심을, 내장과 선지를, 다양하게 특별하게 골랐다. 잘난 척하지 않았다. 언제나 겸손하게 주인에게 조언을 구했다. 그러다 보면 어느새 주인이 먼저 엄마를 찾았다. 좋은 소가 들어왔어, 업진을 떼어놨으니 가져가. 이거 봐봐, 물 먹인 소 같은데 어떻게 생각해? 엄마는 장사하기 좋은 상대가 아니라 훌륭한 고객이자 단골 친구가 된 것이었다. (출처: 천운영 소설가, "세상 사는 이야기: 소통하기 어렵다고?", 〈매일경제〉 2013년 8월 2일)

이 어머님, 정말 대단하다. 장사 좀 했다고 거들먹대기보다는 상대방, 즉 정육점 주인의 모습을 있는 그대로 인정해 주었다. 말하기 이전에 들을 줄 알았고, 장사꾼 이전에 친구가 되었다. 그렇게 이분은 자신의 영역에서 최고가 되었다. 어려운 일을 쉽게 풀어가는 '업무 센스'의 달인은 멀리 있지 않았다.

이 이야기가 우리에게 주어진 업무를 풀어가는 데 힌트가 되지는 않는가. 업무가 잘 풀리지 않는다면, 부서 간의 갈등으로 이러지도 저러지도 못하고 있다면, 그렇게 '업무 센스'가 훼손되고 있음을 느낀다면, 혼자 무엇인가를 하려고 애쓰기 이전에 누군가의 도움을 적극적으로 요청하고 또 받아들이면서 실마리를 얻는 것에서 시작해보자.

누군가에게는 사고가 되는
인사고과

▎조직 내 에이스는 다른 사람의
▎'○○○'이 되는 사람이다

　　　　　인사고과, 우리 직장인들에게는 절대 쉽게 넘길 수 없는 '이벤트'다. 과거에는 '인사고과'가 그리 중요하지 않았다. 솔직히 '그런가 보다' 하는, 일종의 '기분'에 관련된 '사건'이었다. 하지만 지금 시대의 인사고과는 다르다. 인사고과로 돈의 많고 적음이 결정되기 때문이다. 회사에 따라 다르겠지만 같은 시기에 입사한 동기라고 할지라도 최고 등급을 받은 사람과 최저 등급을 받은 사람의 연봉 차이는 일 년에 적게는 2~3%에서 많게는 10% 이상이 난다. 만약 인사고과를 낮은 등급으로 2~3년 계속 받게 된다면? 그렇다. 인사고과라는 이벤트는 단순한 '사건'이 아니라 심각한 '사고'가 되어 버린다.

　　저성과자 등 인사고과를 못 받는 사람에 대해서는 일단 여기에서 말하지 않겠다. 우리가 궁금한 것은 인사고과를 잘 받는, 그것도 몇 년간 계속해서 최고의 등급을 받는 사람이니 말이다. 나 역시 그랬다. 도대체 인사고과 최고를 받는 사람은 무엇이 다른 것일까.

사실 나도 한때는(아, 여기서 '라떼는 말이야'가 나와 버렸다) 실적 즉, 성과에 관한 한 부서 내 '톱 top'을 찍은 때도 있었다. 하지만 인사고과가 성과와 연동되지 않은 적이 꽤 됐다. 실적이 좋으면 '당연히' 인사고과도 좋아야 하는 것 아닌가? 화가 나고 자괴감도 생기던 그때, 존경하는 임원과 대화를 나눌 기회가 있었다. 인사고과라는 키워드로 대화가 옮겨졌을 때 그분은 나에게 이렇게 물었다.

"시키는 일을 반드시 해내는 사람이 있다고 해보죠. 이 친구에게는 무슨 등급이 적절하다고 생각하세요?"

듣고 있던 나는 "A 아닌가요?"라고 대답했다. 그분은 웃으면서 이렇게 말씀했다.

"시키는 일만 해내는 사람, 즉 'meet requirement'에 충실한 사람은 C등급입니다. 시키는 일을 모두 다 잘 해내면서도 때로는 기대를 넘어설 정도가 되어야 B등급이라고 할 수 있죠. 그렇다면 A등급은 어떤 사람일까요? 항상 기대를 초과하는 사람입니다."

순간 소름이 끼쳤다. 시키는 일을 해내면서도, 기대를 초과하는 것은 물론 그 기간이 연속되어야 한다고? 그렇다면 S등급을 받는 사람은 도대체 어떤 사람이란 말인가. 성과를 내고는 있었지만, 시키는 일, 주어진 목표에도 늘 허덕이던 나, 그저 가끔 성과를 초과할 때는 대단한 일을 했다고 기고만장했던 나는 이분의 말씀이 도무지 와닿지 않았다. S등급은? 멍한 표정을 짓는 나에게 그분은 이렇게 설명했다.

"S등급을 받는 사람은 주위에 '선한 영향력'을 행사하는 사람입니다. 조직의 다른 구성원들에게 '롤모델Role Model'이 되죠."

나는 누군가의 롤모델이 된 적이 있던가? 다른 사람들과 잘 어울리기는 했다. 하지만 그들이 나를 그저 재밌게, 편하게 봤을 뿐 나를 닮고 싶어한 것은 아니라는 생각이 들었다. 얼굴이 붉어졌다. 특히 '팀플'에서 약했다. 중요한 프로젝트가 주어졌을 때 협업하는 것이 참 어색했다. 늘 나 혼자, 그저 알아서 하는 것이 편했다. 동료? 챙기지 않았다. 후배? 방치했다. 그렇다고 선배들과의 커뮤니케이션에 능숙하지도 않았다. 이러니 누군가 나를 롤모델로 삼을 일도 없고, 윗사람들도 나를 최고 등급의 인재로 볼 수 없었을 테다. 나도 모르게 고개가 숙여졌다. 임원은 힘내라면서 두 가지를 조언했다.

"괜찮아요. 조금 늦은 것 같아서 아쉽지만 그래도 잘하고 있잖아요. 다만 동료와 후배의 롤모델이 되기 위해서는 업무를 장악할 줄 알아야 하는데 이때 필요한 두 가지를 조언할게요. 첫째, '알면 일의 주인이 된다'라는 말이 있잖아요. 많이 알아야 합니다. 주변에서 사람들이 찾아올 수 있게 말입니다. 둘째, 첫째의 것과 연장선에 있는 말이긴 한데 '설명하지 못하면 아는 게 아니다'라는 말을 기억해 두세요. 다른 사람에게 설명할 줄 아는 사람이 되길 바랍니다. 아차, 설명할 때도 조심해야 합니다. 내용의 설명 그 자체만큼이나 설명하는 태도 역시 중요합니다. 어때요, 잘할 수 있겠죠?"

다음 해에 나는 인사고과에서 최고 등급을 받았다. 그랬다. '업무 센스'를 총괄적으로 평가하는 인사고과는 오직 성과만으로 결정되지 않는다는 것을 그때야 알게 되었다. 하지만 아쉽다. 신입사원일 때, 일 년이라도 연차가 낮을 때 이 사실을 알았더라면 나는 좀 더 일찍 괜찮은 사람이 될 수 있었을 텐데.

그래서 당신에게 부탁하고 싶다. 혹시 지금 '나는 오직 일로써 승부를 거는 업무형 인간이야'라면서 자기 자신을 격려하고 있다면 머리를 들어 주변을 둘러보기 바란다. 당신의 판단과는 달리 주변으로부터 '업무 센스' 부족한 외톨이로 취급받고 있지 않은지 말이다. 그래서는 조직에서의 생활이 절대 편할 리가 없다. 성장할 리는 더 없을 테고.

'질문', 일의 맥락을 찾는 기술

맥락을 알면 개떡같이 말해도 찰떡같이 알아듣는다

회사는 학교가 아니다. 기본적인 것을 차근차근 가르쳐 줄 여유가 회사에는 없다. 기본적인 업무 수행 능력을 전제로 신입사원, 경력사원을 뽑는다. 물론 연착륙의 기간을 주기는 한다. 하지만 과거와는 다르다. 예전에는 신입사원이라고 하면 보통 2~3년까지 그에 맞게 대우(?) 혹은 배려해 주었지만 이제는 그렇지 않다. '전력감'을 즉시 발휘하길 회사는 당신에게 기대한다. 처음에는 시키는 일만 하면 될 것 같지만, 결국 시키는 일을 잘하려면 맥락을 알아야 한다.

일의 맥락을 읽으며 일하는 것은 일을 잘하는 센스가 될 뿐 아니라 스트레스를 줄이는 센스가 된다. 업무의 맥락을 알아야 개떡같이 말하는 선배들 속에서도 찰떡같이 알아듣고, 모르는 부분에 대해 제대로 질문하고 적용할 수 있다. 이 지점에서 시키는 일을 넘어 자기 일을 제대로 해내는 사람, 즉 '업무 센스'가 있다는 평가를 받게 된다.

주어진 일을 잘하려면 회사 운영의 흐름을 읽고, 데이터의 흐름을 읽고, 작업 방식의 흐름을 읽고, 소비자의 구매 패턴 흐름을 읽는 등 결국 '잘 읽어내는 능력'이 필요하다. 이 작은 시작이 업무의 맥락을 읽어내는 기초가 된다. 그렇다면 일의 맥락을 잘 읽는 구성원으로 인정받기 위해서는 무엇을 잘해야 할까. 질문하기가 그 답이 될 수 있겠다.

참고로 우리는 질문을 받는 것에 익숙하다. 직장인이라면 이미 누군가로부터의 질문에 당황한 적, 여러 번 있을 것이다. 질문하는 것 이상으로 질문을 받는 데도 기술이 필요하다. 질문을 주고받는 기술이 모두 완성형이 될 때 비로소 일의 맥락을 찾아가는 '업무 센스' 내공은 상위 레벨을 찍을 수 있다.

사례를 들어 확인해 보자. 직장인인 당신, 상사가 프로젝트 진행 상황을 점검 차원에서 물어봤다고 하자.

상사: 프로젝트는 잘 진행되고 있습니까?
당신: 글쎄요. 지금까지는 괜찮은 것 같습니다. 그런데 자꾸 경쟁
　　　사에서 더 좋은 조건으로 달려드는 바람에…. 우리 회사 가격
　　　정책도 문제입니다. 언제까지 이 가격으로 제안할 건지. 고객
　　　사의 임원도 최근에 바뀌어서….

상사: 도대체 말하고 싶은 게 뭡니까??

당신: ….

질문에 대한 '대답의 기술' 역시 배우고 개선하며 성장시켜야 할 인생 솔루션 중의 하나다. 도식화하는 것이 무리가 있을 수는 있겠지만 나름대로 아래의 5단계 프로세스를 염두에 둔다면 대답이 한결 편해질 것이다.

〔1단계〕 상대의 말에 대한 '요약'

→ 프로젝트의 진행에 따른 성공 가능성을 말씀하시는 거죠?

〔2단계〕 현재 상황에 대한 '구체화'

→ 총 3개 회사에서 제안서를 접수했으며, 실제 경쟁 대상이 될 만한 회사는 한 곳입니다. 아마 우리 회사와 그 회사 간의 경쟁이 되리라 생각합니다.

〔3단계〕 구체적 상황에 대한 '사례' 제시

→ 어제 고객 담당자와 만나서 이야기를 나누었습니다. 자세한 것은 말해 주려고 하지 않으나 우리 회사의 기술적 우위가 타 경쟁사들보다 압도할 만한 수준이라고 했습니다. 타사에서 가격 경쟁력을 상대적으로 높여서 들어온 듯합니다. 하지만 고객사는 그 정도 금액차가 크게 유의미하다고 보지는 않는 듯합니다.

〔4단계〕 상대가 알고 싶은 '미래'에 대한 요약

→ 따라서 현재 우리 회사의 수주 가능성이 경쟁사보다 우위에 있습니다. 물론 마지막까지 조심하겠습니다. 실수 없도록 최선을 다하겠습니다.

〔5단계〕 '도움'의 요청

→ 혹시라도 모를 돌발 상황에 대비하겠습니다. 그리고 우리 회사의 가격 정책에 대한 의견을 별도로 정리하여 이사님께 보고드리고 검토를 요청하겠습니다.

직장에서의 일을 사례로 했기에 내용상 다소 딱딱하긴 하지만 '요약 → 구체화 → 사례 → 미래 → 도움'이라는 5단계를 염두에 두고 대답한다면 낭패를 당하는 일은 줄어들 테다. 5단계가 잘 외워지지 않는다면 각 단계의 핵심 단어를 따서 외워놓는 것도 좋다. '요구사미도' 억지스럽긴 하지만 적극 활용해 보기 바란다.

질문에 대한 대답 스킬에 익숙해졌다면 이제 본론으로 들어가서 자신의 '업무 센스'를 높이기 위한 질문하기 차례다. 무엇을 질문할 것인가? 어떤 것에 대해 질문할 것인가?

다른 것은 잠시 제쳐두고 권하고 싶은 게 있다. '자신을 향한 질문'이 그것이다. 나를 생각할 때면 사람들은 무엇을 떠올리는가. 지식적인 명성? 커다란 키? 빠른 일처리? 정확한 마무리? 사람은 누구나 자신만의 질문이 있다. 그 질문 속에서 우리는 그 사람을 판단할 수 있다. 참고로 우리 어머니들은 늘 "밥은 먹었니?"라고 물으셨다. 끼니를 걱정해야 할 형편이 아닌, 이미 성인이 된 자녀에게도 이 질문을 쉬지 않는다. 어머니 자신의 존재 이유가 그 질문이었기 때문이다.

일의 영역에서 우리가 제대로 자리매김하기 위해서는 그동안 미처 던지지 못했던 질문들을 스스로에게 아낌없이 해볼 차례다. 질문이 바뀌어야 관심도 바뀐다. 관심을 바꾸어야 새롭게 일을 처리할 수 있다. 언젠가 'HR(Human Resource)' 분야에서 뛰어난 성과를 거둔 임원분의 이야기를 듣게 되었는데, 그는 자신이 맡은 조직이 최고의 성과를 내기 시작한 순간에는 '지시와 명령' 대신 '질문과 듣기'가 있었다고 고백했다.

"저는 원래 '강압적 명령'에 익숙한 사람이었어요. 팀장에서 이사로 승진해서도 마찬가지였죠. 하지만 스스로 '아, 이게 아니구나!'라고 반성하게 된 순간이 있었습니다. 구성원들이 저를 외면하고 회피한다고 느끼면서부터죠. 충격이었습니다. 다짐했습니다. 힘들겠지만 나부터 바꿔야겠다. 우선 현장에 있는 젊은 친구들에게 친절하게 질문하기 시작했습니다. 제 생각과 다른 어처구니없는 답변에 대해서도 무조건 '감사하게, 그리고 겸손하게' 적극적으로 수용했습니다. 그때부터였습니다. 개떡같이 말해도 제가 찰떡같이 알아들을 수 있게 된 것이. 그래서 어떻게 되었냐고요? 부서 전체를 둘러싸고 있던 문제가 하나, 둘 해결되기 시작했습니다."

이분이 성과를 내기 시작한 순간은 언제인가? 누군가에게 질문하기 시작하면서부터인가? 아니다. 자신에게 질문을 던졌을 때다. 자신을 외면하는, 자신과 멀어지려는 구성원들을 탓하기 이전에 스스로에게 질문을 던지며 자신을 성찰하고 난 후에, 비로소 질문이라는 형식으로 소통하기 시작한 것이다. 그제야 자신이 해야 할 일의 맥락을 잡아 나갈 수 있었다.

우리도 마찬가지 아닐까. 직장인으로서 일의 맥락이 잘 잡히지 않는다면 누군가에게 질문을 던지기 이전에 스스로에게 질문을 던질 줄 아는 용기를 가져 보자. 그때부터 비로소 우리의 '업무 센스'는 제대로 된 길을 찾아갈 수 있을 테다.

관계 센스

'퇴사', 나가는 자의 예의

나는 네가 지난여름…
아니 십 년 전에 한 일을 알고 있다

'관계 센스', 이제 막 직장생활을 시작한 사람을 포함하여, 어쨌거나 결국 퇴사를 향해 달려가는 직장인들에게는 기본 역량이다. 참고로 직장생활, 나름대로 꽤 오랜 시간을 해왔다. 그 시간을 거치면서 하나의 생각이 드는데, '세상은 좁아도 정말 너무 좁다'라는 것이다. 그리고 주의할 점 하나를 깨달았다. 직장이라는 곳, 자랑을 나누면 시기로 돌아오고 슬픔을 나누면 약점이 된다는 것이다.

신입사원 때의 일이다. '사사수'였던(예전에는 부서 내 선배와 후배를 군대용어인 '사수-부사수'라고 말하고는 했다. '사사수'란 내 선배의 선배를 말한다) 대리님으로부터 자료 취합을 부탁받고 이를 정리해서 제출했을 때였다.

안 대리: 김범준 씨, 잠깐 여기로 와 보세요.

김 사원: 네, 대리님. 부르셨어요?

안 대리: 자료에서 이 부분… 숫자가 이게 맞나요? 잘못된 것 같
　아서요.

김 사원: 아, 대리님. 죄송합니다. 실수했습니다.

안 대리: 아, 네.

김 사원: 사실 제가 원래 숫자에 약합니다. 수학 아니 산수도 아
　주 치가 떨립니다.

안 대리: …

김 사원: 제가요, 원래 고등학교 때는 이과였습니다. 하지만 수학
　을 너무 못해서 내신성적이 안 좋았고, 결국 원하는 대학에 못
　갔습니다. 결국 재수할 때 문과로 바꿨어요. 그런데 제가 경
　제학과에 갔잖아요? 거기에 가니까 '경제 수학'이라는 과목이
　있더라고요. 헐, 황당했어요. 결국 그 과목은 D 학점을 받았습
　니다. 졸업할 때까지 재수강도 안 했어요. 저에게 숫자는 한마
　디로 '쥐약'입니다.

　대리님의 표정이 점점 굳어지는 것을 알아차리지 못한 나, 신 나
서(?) 떠들었다.

　10년 넘게 흘렀다. 대리님은 그 회사에 계속 재직하여 결국 임원
이 되었다. 나는 다른 회사로 이직을 했는데 세상에, 그 이직한 회사

가 원래 내가 있던 회사에 흡수합병되면서 되돌아온 꼴이 되었다. 뭐, 나쁘지 않았다. 아니, 좋았다. 고향으로 돌아온 느낌이었다. 어쨌거나 그때의 일이다. 그 대리님이 임원이 되었다는 것을 누군가에게 들어 알고는 있었는데 복도에서 만나게 되었다. 참고로 나는 과장일 때다.

> 김 과장: 앗. 안 대리님, 아니 안 이사님. 저 김범준입니다.
> 안 이사: 알죠. 하하. 반갑네, 반가워. 다시 만나게 되었네요. 그나
>   저나 무슨 부서에 있어요?
> 김 과장: 저는 XX 사업팀에 있습니다.
> 안 이사: (고개를 갸우뚱하며)어? 김 과장. 숫자… 아주 징그럽다고
>   하지 않았어요? 어떻게 사업부서에서 숫자를 다뤄요?

〈나는 네가 지난여름에 한 일을 알고 있다〉라는 공포영화가 있다. 나는 영화가 아닌 실화 속 주인공이었다. 나의 약점, 잘못, 결핍을 세상은 고스란히 기억하고 있었다. 무엇인가 부족한 점을 드러내어 나와 관계가 있는 사람에게 고스란히 속된 말로 '까발려지는 것'은 절대, 절대 있어서는 안 될 일임을 깨달았다. 그러면서 '관계 센스'에 대해 생각해 보게 되었다. 세상이 얼마나 좁은지, 그 좁은 세상에서 나의 말투와 행동이 어떠해야 하는지를 뼈저리게 느꼈다. 자기비하는 금물이며, 나의 긍정적 업무 역량을 널리 알려야 함을 알았다.

부족한 사람, 결핍된 사람, 재수 없는 사람, 운이 없는 사람과 함께 일하고 싶은 사람은 세상 어디에도 없다. 관계에 있어 불리한 위치에 있고 싶지 않다면 다른 곳은 몰라도 직장 내에서만큼은 자기 자신을 사랑하는 것에 '총력전'을 기울여야 한다.

'겸손'과 '자기비하'를 착각하지 말자. 직장에서의 '자기비하' 혹은 '셀프디스'는 가진 자, 강한 자, 상사, 보고를 받는 자들의 것이다. 없는 자, 약한 자, 부하, 보고하는 사람이 스스로를 '디스'할 이유는 전혀 없다. '갖지 못한 자'의 자기비하는 자신의 성장을 막는 어리석은 행동이요, 더 나은 관계로 나아가는 것을 막는 걸림돌이다.

'세상은 좁다'라는 말이 나왔기에 하나 더 전할 말이 있다. 퇴사에 관한 것이다. 직장생활 기간이 꽤 된 나는 세 번의 이직 경험이 있다. 요즘은 이직의 횟수와 강도가 심하다고 들었는데 실제로 주변에서 상당히 많이 봤다. 그러기에 말하건대, '관계 센스'를 장착한 사람으로서 행동하고 싶다면 '나갈 때 깔끔하게' 나가자.

세상은 좁아서 결국 어떻게든 소식이 닿을 수 있고 만날 수 있다. 물론 햄버거를 파는 회사에 근무하다가 전자제품 유통하는 회사로 이직한다면 다시 만날 가능성은 희박할 것이다. 하지만 대학 때의 전공이 상당 기간 취업 등에 영향을 주는 것처럼 최초에 입사한 회사가 훗날의 직장생활에 영향을 준다는 점을 안다면, 특별히 다른 산업군에 이직하지 않는 한 다시 얼굴을 보게 될 가능성은 상당하다는 점을 꼭 기억했으면 좋겠다.

퇴사? 더 나은 내일을 위해 내린 당신의 최선의 판단일 것이다. 다만 내 미래가 소중한 만큼 최선을 다해 '좋은 뒷모습'을 남기고 가길 바란다. 인수인계와 같은 업무 모든 부분에서 남는 자들에게 제 할일을 다하는 모습을 보이고 나갈 수 있어야 한다. 그 언젠가 다시 부메랑으로 돌아올 관계의 끈이 조금이라도 긍정적으로 작용하길 바란다면 말이다. 안다. '나갈 때 송별회라도 있으면 그동안 나 괴롭힌 인간들에게 욕을 한 보따리 해주고 나가야지. 아니다. 테이블을 확 뒤집어 버릴까' 싶은 당신의 마음을. 하지만 당신은 '관계 센스'를 이 책으로 공부한 사람 아닌가.

내일이면 안 볼 사람이라고 생각하고 함부로 행동하는 건 아마추어다. 사회생활의 어디서 만나든 도망치고 싶은 상황이 아니라, 당당하고 쿨한 모습으로 전 직장의 관계자들을 대하고 싶다면 말이다. 프로페셔널인 당신은 업무 뒤처리까지 깔끔하고 또 정확할 것이라고 믿고 싶다. 나가는 사람이 화가 나서 인수인계는 물론 컴퓨터까지 싹 밀어버리고 나가서 회사에서 다음 업무를 진행하는 데 애를 먹었다는 '썰'도 분명히 있다. 하지만 오랜 직장생활, 아니 밥벌이 생활의 연장선으로 보면, 이는 결국 부메랑으로 돌아온다는 것을 꼭 당부하고 싶다.

직장인의 최고 필수템이
'관계 센스'인 이유

| 최근 만난 다섯 명의 평균이
| 바로 당신이다

　　　　　잘나가는 직장인, 아니 '최고의 직장인'(이라는 말이 어색하긴 하지만)이었던 분이 있다. 그는 한 사람의 기술이나 성과보다는 그 사람이 얼마나 다양한 관계를 제대로 만들었는지에 관심이 많았다. '관계 센스'를 조직 구성원의 역량으로 평가했다. 바로 고故 이건희 회장이다.

　　이건희 회장이 삼성 계열사 임원과 나눈 대화가 흥미롭다(출처: 김영준 기자, "세상에 알려지지 않은 이건희 삼성 회장 이야기", 〈월간중앙〉 2020년 12월 13일). 이건희 회장이 삼성그룹 계열사인 신라호텔에서 빵을 먹고는 뭔가 마음에 안 들었나 보다. 결국 신라호텔 이사로 일하던 분에게 전화해서 크게 화를 냈단다.

회장: 신라호텔, 빵 맛이 그게 뭡니까? 그게 빵입니까?

이사: …

회장: 어떻게 할 겁니까?

정신이 혼미해졌을 이사는 이렇게 말했단다.

이사: 품질 향상을 위해 밀가루를 캐나다산으로 교체하겠습니다. 공정 과정 전체를 다시 점검하고, 수증기의 양, 구울 때의 온도 등도 깊이 관찰하겠습니다. 앞으로 직원을 몇 명 선발해서 프 랑스, 일본으로 연수를 보내서 품질을 높이겠습니다.

개인적으로 생각해도 이 정도가 직장인으로 할 수 있는 최선의 답 이 아닐까 싶다. 그러나 이건희 회장은 이 말에 오히려 격노했다.

회장: 엉뚱한 말을 무슨 답이라고 이야기합니까? 지금 기다릴 테 니 답을 찾아서 말해 보세요.

공포영화 그 자체 아닌가. 선배, 팀장, 임원도 아닌 한 그룹의 회 장이 이렇게 말했다면, '이번 생은 망했어'라는 생각이 들 것이다. 더 무서웠던 건 이건희 회장이 1분 이상 전화를 안 끊고, 아무 말 없이 있더라는 것이다. 들리는 건 오로지 전화기 너머의 회장님 숨소리뿐이라니. 하지만 삼성그룹의 이사는 아무나 하는 게 아닌가 보다. 갑자기 번쩍하고 생각이 난 답변을 했고, 이건희 회장의 목소리는 밝아졌다.

이사: 즉시 유능한 기술자를 스카우트하겠습니다!
회장: 왜 알면서도 못합니까?

이 사례를 통해 무엇이 직장인의 '필수템'인지 알아챘으면 좋겠다. 기술도 좋고, 성과도 좋다. 하지만 그 모든 것에 앞서서 '관계 센스'가 최우선이어야 한다. 이건희 회장은 '스피드 경영'을 중요하게 여겼다고 한다. 그런데 이건희 회장의 '스피드' 개념은 '빨리'가 아닌 '먼저'였다. '혼자서 빨리하는 것'보다는 '함께 먼저 해내는 것'을 중요하게 여겼던 이건희 회장에게 유능한 인재를 찾아내는 '관계 센스'는 직장인, 특히 리더가 갖추어야 할 핵심 역량이었던 셈이다.

관계를 통해 함께 성장해 가던 리더는 이건희 회장뿐만이 아니다. 언젠가 구글에서 일하는 분의 이야기를 들었다. 종종 신규 팀원을 뽑기 위해 면접 과정에 참여하는 그는 꼭 이 질문을 건넨다고 한다.

"당신에 대해 설명해 보세요."

이에 대부분은 '저는 ○○가 강점이고 이런 일을 한 바 있고 어떤 성과를 냈으며' 등으로 대답한다고 했다. 그런데 그는 자신이 들은 최고의 답변으로 이것을 꼽았다.

"저는 최근에 A를 만나서 이런 일을 했고, B와 저런 일도 했으며, C를 만나서는…."

그는 '합격'을 외쳤다. 이 사례를 통해 관계를 설명하던 그는 이렇게 결론을 내렸다.

"최근에 만난 다섯 명의 평균이 바로 당신입니다."

오늘도 컴퓨터와 씨름하는 우리, 잠시 노트북에서 눈을 떼어 최근 누구를 만나고 있었는지 되돌아봐야 하지 않을까. '관계 센스'는 결국 나를 만드는 일센스다. 내가 최근에 누구를 만나 어떤 일을 했는지에 대한 평균값은 결국 '나'라는 직장인의 존재가치로 수렴한다. 좋은 사람, 괜찮은 사람들과 함께해야 하는 이유다.

거절을 말할 줄 아는 용기

월급의 임계치를 넘는 감정을 인내할 필요는 없다

나는 늘 성급했다. 한두 번의 만남에서 상대방이 나에게 호감을 보내지 않으면 내 마음대로 '손절'한 경우가 꽤 된다. 직장에서 업무 협의 등을 할 때 한두 번의 시도로 별다른 성과를 내지 못하면 불안해하고는 했다. 거꾸로 상대방과 빨리 가까워지고 싶고 좋은 사람으로 남고 싶은 마음에 거절이라는 것을 잘하지 못했다. 나의 성급한 결정은 대인관계에 있어 왜곡을 가져왔던 것 같다.

"하루 추위에 물이 삼 척 깊이로 얼지는 않는다"라는 중국 속담이 있다. 관계를 가깝게 하기 위해서는 여유 있는 마음가짐이 우선이다. 인간관계에서 누군가와의 거리를 좁힌다는 건 시간을 두고 지켜보는 '여유'를 갖겠다는 뜻이다. 직장에서 우리가 마주하는 타인은 사물이 아니다. 당장 갖고 싶다고 가질 수 없고, 마음대로 하고 싶다고 마음먹은 대로 되지 않는다. 이때 여유로운 마음을 갖지 못한다면 우리의 모습은 영화 〈미저리〉에서 쇠망치를 집어 들고 노려보는 캐시 베이츠의 섬뜩한 모습으로 상대방에게 비칠 것이다.

　직장의 모든 사람과 모든 관계를 좋게 시작하고 좋게 끝낸다는 기대는 섣부르다. 나의 직장 내 인간관계를 되돌아보면 상대방의 좋은 첫인상에 반했다가(?) 기대가 허물어짐으로 인해 원수보다 더 원수처럼 멀어진 관계도 적지 않다. 나의 얄팍한 인격 때문도 있겠지만, 남을 너무 쉽게 믿는 나의 어리숙함도 원인이었다. 아마 그때부터 '친한 척'이라는 말을 싫어하게 된 듯하다. 너무 쉽게 가까워진 관계는 그만큼 쉽게 멀어진다는 것을 체험적으로 깨달았다.

　직장은 친목 단체가 아니다. 세상 그 어떤 곳보다 치열한 이익 사회다. 서로를 경계하지만, 겉으로는 친한 척하는 관계가 상당한 비율을 차지한다. '프레너미'라는 말이 있다. 친구인 '프렌드 friend'와 적이라는 뜻의 '에너미 enemy'가 결합한 '프레너미 frenemy'는, 한 온라인 취업포털 사이트에서 직장인을 대상으로 설문을 진행한 결과 직장인 10명 중 6명이 겪었다고 한다. 회사에서 겪는 가장 큰 스트레스는 '내 편'이라고 여겼던 상대방이 뒤에서 나에 대해 험담하는 것을 알게 됐을 때라고 꼽기도 했다.

　무작정 가까워지는 것, 경계하자. '아무런 조건 없이'라는 말에 현혹되는 어리숙함과는 이별해야 한다. 누군가의 요구를 있는 그대로 받아들이는 것을 '관계 센스'라고 착각하지 말아야 한다. 직장에서의 모든 관계는 각자의 이익을 극대화하는 방향으로 진행되니 말이다. 특히 거절을 두려워하지 말기 바란다. 스스로 자신을 보호하기 위해서라도 아닌 것은 아니라고 말할 줄 알아야 한다.

금융기관에서 근무했던 한 후배의 이야기다. 대리였던 그는 자신이 속한 팀의 팀장으로부터 속된 말로 '팽'을 당했단다. 분노와 불안으로 힘겨웠지만 정신건강의학과의 도움을 받으며 '멘탈'을 지탱했다. 타부서로 전출되어 그동안 자신이 하던 일과 전혀 다른 업무를 맡아 고군분투하던 어느 날, 문제의 그 팀장이 '면팀장(보직해임)'이 되어 자신이 일하는 팀의 바로 옆 부서 팀원으로 왔단다.

'그냥 있는 듯 없는 듯 지내야지'라고 생각했는데 어느 날부터 그가 자신을 향해 미소를 지으며 다가와 아는 체를 하고, "요즘은 어떻게 지내냐" "팀장 그만두고 팀원이 되어 새로운 일을 하려니 힘들다" 등의 말을 하더란다. 온갖 이유를 달아 차갑게 내보내더니 왜 갑자기 친한 척인가 싶어 마주하기가 무척 힘들었다. 그러더니 언젠가는 뜬금없이 전화해서 "내일 시간 되면 삼겹살에 소주 어때?"라고 말하더란다.

이 친구가 나에게 어떻게 대응해야 하는지 물었다. 옆 부서이긴 하지만 당분간 함께 일할 일도 없는데 친해지고 싶지 않다고 했다. 게다가 과거의 안 좋은 기억이 여전히 마음에 가득한 상태인데, 아무렇지 않게 만나서 웃고 떠들면서 친한 척을 해야 하느냐고 물었다.

나는 그냥 이렇게 말하라며 아예 대사를 적어 줬다.

"요즘 개인적인 집안일로 마음의 여유가 없네요."

이렇게 속 좁게 행동하는 게 맞는 거냐, 라고 묻는다면 나는 그저 직장생활을 꽤 해본 지금의 나라면 그렇게 말할 것이다. 나의 상처가 아물지 않았는데 그 상처를 준 장본인이 진심으로, 진정으로, 사과 한마디 없이 섣불리 관계를 회복하려 든다면 그에 응할 이유는 전혀 없다고 생각하기 때문이다.

누군가는 월급 중 감정노동에 대한 대가가 차지하는 비율이 절반을 넘는다고 말하기도 한다. 하지만 나를 지키기 위해서라면, 그게 직장이 주는 월급의 임계치를 넘는 것이라면, 감정도 아껴서 사용해야 하는 것 아닐까. 남의 감정을 챙겨주는 것보다, 상처받은 나의 마음이 더 힘겹지 않게 지켜주는 것이 먼저 아닐까.

솔직히 이상하다. 왜 사람들은 상처를 준 사람과의 관계 회복을 우습게 생각하는 걸까. 자신이 타인에게 준 마음의 상처를 농담 혹은 어색한 웃음 속에 묻어놓고는, 시시껄렁한 유머와 커피 한잔, 혹은 술자리로 회복시킬 수 있다고 생각하는 걸까. 직장인의 '관계 센스'는 조직 내 모든 사람과 늘 웃고 즐기는 관계를 만들어 가는 게 아니다. 나를 상처주는 것에 대해서는 아니라고 할 줄 아는 것이 진정한 '관계 센스'의 출발점이다. 어쩔 수 없이 버텨야 하는 것이 아닌, 버티기를 선택할 수 있을 정도의 여유는 갖고 있으면 좋겠다.

당연한 말이지만 거꾸로도 마찬가지다. 동료에게 업무를 부탁할 때는 상대방이 무작정 '예스'할 것이라고, 아니 '예스'해야 한다고 착각(!)해서는 안 된다. 상대방의 얼굴과 분위기를 살피면서 요청해도 되는 상황인지 확인하는 배려 정도는 있어야 한다. 한창 바쁜 시간에 후배에게 전화해서는 "오늘 고기 땡긴다. 저녁에 회사 건물 앞에 나와 있어라"라고 밑도 끝도 없이 말하는 무례함은 그만둬야 한다. 이렇게 말하는 선배와 시간과 공간을 공유하고자 하는 후배는 지금 세상에 그리 많지 않으니까.

그렇다면 모든 사적인 제안을 하지 말라는 것일까. 그건 아니다. '관계 센스'가 있다면 "내가 ~한 일을 해야 하는데 혹시 잠깐 말할 시간 있을까?" 혹은 "요즘 별일 없어? 오늘이나 내일 점심 같이하면 어때?" 정도로 톤을 낮추면 된다. 상대방의 거절을 '상수常數'로 여기는 겸손의 태도를 보이면서. 어렵다고? 당연하다. 직장에서 동료, 후배 그리고 상사와 거리를 좁힌다는 건 그만큼 복잡한 일이다. 그렇다고 해서 '관계 센스'를 포기할 수는 없다. 평소 일상에서 스쳐 지나가듯이, 티슈 한 장을 차곡차곡 쌓는 기분으로 해나가는 일종의 장기 프로젝트로 진행해야 한다.

Run from(회피) 아닌
Learn from(배움)을 선택

중요하지 않은 일을 대하는 당신의 태도에 회사는 더 큰 관심을 가진다

　　　　　워크숍이나 연수 등 회사에서 참여하게 되는 프로그램들이 있다. 이런 행사를 본능적으로(?) 좋아하는 외향적인 사람이 있다. 하지만 상당수 사람은 잘 모르는, 게다가 다양한 팀과 직급의 사람들과 한 조가 되어 어울려야 하는 프로그램에 참여하기가 서먹하고 힘들다고 하소연한다. 그렇지만 회사의 행사에 극단적으로 거리를 둘 수도 없다. 그건 조직 생활을 하는 구성원의 예의도 아니다. 어떻게 해야 다른 사람들에게 너무 과하지도, 너무 소극적이지도 않은, 한 마디로 '적당한' 사람으로 보일까를 고민하고 있다면 다음과 같은 조언을 하고 싶다.

　'퍼실리테이터 facilitator'라는 말이 있다. '회의나 교육 등의 진행이 원활하도록 돕는 역할을 하는 사람'을 말하는데 회의, 워크숍, 심포

지엄, 교육 등에서 진행이 원활하게 이루어지도록 하는 조정자라고 보면 된다. 퍼실리테이터에 대해 어떻게 생각하는가? 귀찮고 필요 없는 일로 생각하지는 않는가. 최소한 자신은 아니라고 여길지도 모른다. 회식 장소 잡기조차 맡기 귀찮지 않은가. '내 일도 아닌데' 말이다. 나는 지금도 여전히 비슷한 생각을 하고 있다. '회사에서는 일이나 잘하면 되지, 무슨 친목질이야!'

그런데… 당신은 나를 닮지 않았으면 한다. 오히려 조직 내 최고의 퍼실리테이터로 성장하길 기대한다. 그게 당신의 업무와 관계가 있는 것이든 없는 것이든 관계없이. 특히 당신이 직장생활 몇 년이 안 되었다면 오히려 이런 일들을 반겼으면 좋겠다. "제가 할게요!"

거듭해서 고백하지만 나는 이렇게 못했다. 못했는데 좋았던 점보다 하지 않아서 별로였던 점이 많았기에 이렇게 권한다. 주체적으로 주도하지는 못하더라도 적극적인 참가자가 되어 진행자를 돕는 것도 좋은 조력자의 모습이다.

세상은 참 신기하다. 이런 일은 어찌 보면 우습고, 귀찮고, 힘든 것들이다. 그런데 이런 것 하나 잘하고 나면, 평소 업무 성과가 탁월했음에도 듣지 못하던 다음과 같은 이야기를 귀로 듣게 된다. "그 친구, 워크숍에서 사회 잘 보던데? 사교성이 장난 아니야. 인간관계도 서글서글 잘할 것 같아!" "팀 야유회 계획을 짜는 거 보니까 치밀하던데? 계획적이야. 무슨 일을 맡겨도 될 사람이야." "세세한 부분까지 잘 챙기고 진행도 잘하고… 그 친구, 열정적이야."

이러한 이상한 직장 문화를 그냥 특성으로 인정하면 쉽다. 그래서 이런 일들을 기꺼이 했으면 좋겠다. 당신의 '관계 센스'를 한껏 보여 주는 기회로 삼아 보기 바란다. 입사한 지 얼마 안 된 경우라면 더욱 그렇다.

선배들이 당신에게 뭔가 큰 것을 바랄까? 아니다. 구체적인 업무 성과만 잘 내면 인정받을까? 아니다. 그보다는 당신이 생각할 때 '그리 중요하지 않은' 일을 대하는 태도를 보면서 선배는 당신을 평가한다. 냉정하게 말하면, 대한민국 기업에 오늘도 출근한 대다수의 선배는 대단한 일을 잘 해내는 당신보다 일상에서 기분 좋은 에너지를 가진, 관계 태도가 좋은 당신을 더 낮게 평가한다.

〈라이온 킹〉이라는 영화가 있다. 내 기억대로라면 광활한 아프리카 초원에 해가 뜨면서 온 세상이 밝아지는 가운데 영화가 시작된다. 그리고 바로 시작되는 노래, 최고였다! 장엄한 노래만큼 영화는 광대했다. 간략하게 줄거리를 말하면, 밀림의 왕인 사자가 자신의 아들인 어린 왕자 '심바'를 구하다가 목숨을 잃는다. 왕이 죽자 심바는 추방당한다. 쫓겨난 심바는 무기력해하다 이후 특별한 욕심 없이 나름대로 편하게 살아간다.

하지만 그 사이, 심바의 아버지를 죽인 삼촌 사자가 밀림에서 독재자가 된다. 많은 동물이 그의 폭압에 시달리고, 밀림은 위기에 빠진다. 심바 아버지의 조언자였던 라피키는 심바를 찾아와 밀림으로 돌아오라고 말한다. 아버지처럼 왕이 되어 밀림을 구하라는 것이다. 하지만 심바는 "저는 지금의 생활에 만족해요. 왕이요? 제가요?"라며 회피한다. 그때 라피키가 이렇게 충고한다.

"Run from it or Learn from it!"

과거에서 도망치는 대신 과거로부터 배우라는 이 말을 듣고 심바는 귀환한다. 결국 심바는 독재에서 침묵당하며 고통받던 모든 것을 되살린다. 그저 영화의 한 부분이었지만 나를 되돌아보게 된 장면이었다. 도망은 답이 아니다. 필요하면 부딪치고 그 과정에서 자신을 드러내고 또 그것을 통해 '관계 센스'를 만들어야 한다.

일 잘하는 사람보다 좋은 동료가 되는 게 먼저다. 그게 조직의 일원으로서의 자세다. 그래서 당신에게 권한다. 직장에서 일어나는 일들에 대해, 불법이나 부당한 일이 아니라면 도망 대신 배움을 택해보라고. 그것이 무엇이든 피하지 말고 당당하게.

'솔선수범'과 '오지랖'은 종이 한 장 차이

좋은 관계를 위해 '섣부른 악플'보다 조심스런 '무플'을 택하라

소설 <위대한 개츠비>의 첫 부분에는 이런 내용의 글이 나온다. "내가 어렸을 적에 아버지가 충고했다. 그 말이 기억난다. 누군가를 향해 비판하고 싶을 때는 이 점을 반드시 기억해 둬라. 세상의 모든 사람이 다 너처럼 유리한 입장에 서 있는 게 아니라는 것을." 직장에서 누군가를 향해 말할 때 혹시 스스로 유리한 입장에 서 있지는 않은지 고민할 줄만 알아도, 조직에서 말로 인해 벌어지는 그 무수한 실수들이 조금은 줄지 않을까. 하지만 우리의 말들은 이와는 정반대다. 어떻게 해서든지 자신의 말이 얼마나 큰 힘을 지닌 채로 상대방에게 박힐(!) 것인지에 관심을 둔다. 그렇게 비극은 시작된다.

우리는 자신을 드러내려 한다. 나의 말에 힘이 있는지 없는지를 궁금해하고, 나의 말에 대해 상대방이 어떻게 나올까를 신경 곤두세우며 바라본다. 내 말이 상대에게 잘 전달되지 않는 것 같고, 상대방의 말이 나의 예상을 빗나가면, 성질을 부리고 짜증을 낸다. 자신의 입에서 나오는 '섣부른 악플'이 상대방에게 어떻게 작용하는지 모르기 때문이다. '조심스러운 무플'이 관계를 유지하고 더 나아가 개선하는 데 훨씬 나음을 기억해 두어야 한다. 직장에서도 마찬가지다. 언젠가 아래와 같은 질문을 받은 적이 있다.

"이제 조직에서 나름대로 자신의 역할을 하는, 입사 5년차 대리입니다. 신병, 아니 신입사원이 내일 새로 옵니다. 점심시간에 신입사원과 처음으로 자리하게 될 것 같습니다. 요즘에는 윗사람보다 아랫사람과 대화하는 게 어렵다고들 하던데요. 대화를 어떻게 이끌어 가야 새로 만날 후배에게 좋은 이미지를 심어주어 거리를 좁힐 수 있을까요? 솔직히 신입사원을 대하는 저를 바라보고 있을 팀장님에게도 뭔가 저의 '리더십'을 보여주고 싶습니다."

나는 이렇게 답했다.

"해주고 싶은 말이 많아도 너무 많을 겁니다. 충고도 해주고 싶고, 격려도 하고 싶고, 때로는 따끔한 질책도 하고 싶겠죠. 안 됩니다. 첫날만이라도 말하려고 하지 말고 들으려고 해보세요. 대화의 상대방인 신입사원의 입에서 최대한 많은 걸 끌어내는 것을 목표로 하세요. '잘 알지도 못하면서' 상대방에 대해 이러쿵저러쿵 말하는 것은 일종의 범죄입니다. (지금 저도 그런 것 같네요. 죄송합니다.)

그렇다고 무작정 가만히 있으라는 게 아닙니다. 말을 끌어내는 것도 기술이니까요. 가장 좋은 건 '당신의 실패담'을 들려주는 겁니다. 당신이 과거에 했던, 특히 신입사원 때 했던 실패 사례, 실수담 등을 진술하게 말해주면 됩니다. 선배의 실수담을 들으며 신입사원은 비로소 당신과 눈을 마주칠 것이고, 자신의 입을 열 것이며, 결국 좋은 관계로 가는 첫 단추를 끼우게 될 것입니다."

후배로부터 '괜찮은 선배'라는 평가를 받고 싶다면 함부로 가르치려 들지 말자. 상대가 도움을 요청하기 전에 말하지 말자. 참고로 개인적으로 가장 하고 싶지 않은 말, 아니 듣고 싶지 않은 말이 있다. 이미 상대방의 마음에 커다란 상처를 줘 놓고는, 고통에 몸부림치는 상대방을 보고서야 비로소 "내 의도는 그런 게 아니었다"라고 하는 말이다. 이처럼 무지하고 잔인하며 답답한 말이 또 있을까. 내 의도를 잘 전달하지 못하는 것 그 자체로서 이미 '대화 무능력자'라는 사실을 꼭 기억했으면 좋겠다.

물론 그렇다고 해서 대화 자체를 하지 말라는 것이 아니다. 소통을 잘 이끌어가려는 노력은 당연히 필요하다. 좋은 방법이 있다. 당신의 실패담을 통해 간접적으로 대화를 이끄는 것이다. 예를 들어 "우리 회사의 경비 사용 규정에 대해서 꼭 알아야 해! 잘못하면 회사 짤려!"라는 협박투보다는 그동안 회사생활에서 있었던 당신의 경비 규정 오사용 사례 중 하나를 말해주는 편이 낫다.

솔선수범과 쓸데없는 오지랖은 종이 한 장 차이다. 솔선수범은 자신의 실패를 겸허하게 인정하고 반성하는 것에서 시작하고, 쓸데없는 오지랖은 묻지도 않는데 가르치려 드는 것에서 시작한다. 오지랖 대신 솔선수범을 택하고 있다면 당신은 이미 '관계 센스'의 고속도로에 잘 올라타 있는 셈이다. 그리고 언젠가 분명히 이런 말을 듣게 될 테다. '그 사람, 참 괜찮은 사람이야!'

건강한
사내 정치의 기술

직장 내 권력관계…
모르면 모를수록 당신만 손해다

　　　　　　금융회사에 재직 중인 후배의 이야기다. 몇 년 전 사내 연수 과정 중 '임원과의 대화'라는 프로그램에 참석했을 때의 일을 들려주었다. 회사에서 성공한 임원이고 후배들의 존경까지 받는, 한 회사에 몇 안 되는 그런 임원 말이다. 임원과 자유롭게 질의와 대답을 하는 시간이었는데 참석자 중 한 명이 임원에게 이렇게 질문했다.

"우리 회사는 좋은 회사라고 생각합니다. 하지만 아쉬운 게 있습니다. 알게 모르게 소위 '줄'이 있는 것 같습니다. 실력으로 승부를 봐야 하는 조직이 이래서야 되겠습니까? 회사에 다니면서 이런 사람들에 대해 생각하는 바가 있다면 말씀해 주십시오."

이에 대한 임원의 대답은 어떠했을까? "맞습니다. 이런 문화 당장 없애야 합니다. 누굽니까? 발본색원 拔本塞源하는 데 앞장서겠습니다." 이렇게 답했을까? 아니다. 임원은 다음과 같이 답했다.

"마음이 아프겠군요. 회사에 대한 애정도 대단하십니다. 하지만 한편으론 묻고 싶습니다. 세상이… 아직도 공평하다고 생각하십니까?"

무슨 말을 하는 거야, 라며 어리둥절해하는 참석자를 향한 임원의 대답은 냉정했단다.

"자신을 드러내지 못하면 아무도 알아주지 않습니다. 우리가 그토록 욕하는 '줄'이라는 것도 그렇습니다. 자기 자신을 드러내기 위한, 아니 보호하기 위한 최소한의 몸부림으로 봐야 합니다. 직장생활 10년이 넘었다고 하셨죠? 자신이 위기에 처해 있을 때 도움을 줄 수 있는 그룹이 있습니까? 대여섯 개, 아니 한두 개 정도요. 만약 없다면, 함부로 말씀드리는 것 같아 죄송합니다만, 조직 생활에 게을렀던 겁니다."

이 말을 전해들은 나, 충격받았다. '나를 보호해 줄 그룹이 다섯 개는커녕 한 개조차 없던 게으른 사람'은 바로 나였기 때문이었다. 물론 이 말을 '너만 겪는 게 아니니 유난 떨지 말라'라는 모욕적인 말로 해석하면서 불편해하는 사람도 있겠지만 말이다.

사실 나는 소위 '사내 정치'라는 것에는 치를 떠는 사람이었다. 천성이 그래서인지 누군가에게 사근사근 대하는 것에 도통 취미가 없고, 시도 때도 없이 자신의 상사를 '형님'이라고 칭하며 알랑(?)대는 사람들에 대해서는 혐오감을 느낄 정도였다. 관계 센스? 그런 건 관심 밖이었다. 그래서일까. 어려운 순간을 만났을 때 떠오르는 사람이 아무도 없었다.

'관계 센스'는 일종의 '정치 공학'이다. 물론, 남을 헐뜯는 사내 정치에는 여전히 결사반대다. 하지만 자신을 살리는, 자신의 존재가치를 알리는 사내 정치는 이제 긍정한다. '사내 정치'라는 말만 들어도 짜증을 내던 나, '정치'라는 말에 대해 알레르기 반응을 일으키던 나의 과거가 지금은 아쉽다. '관계 센스'를 잘 갖추었다면, 나의 영향력을 드러내면서도 탁월한 업무 성과를 내는 데 필요한 조언과 지원 세력을 얻으며 더 일찍 배우고 성장하지 않았을까. 나아가 조직에서 나라는 존재를 확고히 자리매김할 수 있었을 테고.

조직에서 언제까지나 약자로 남고 싶은가? 아닐 것이다. 주변의 누군가가 당신에게 회사에서 정치 따윈 필요 없다고 말한다면, 관계는 중요한 게 아니라고 말한다면, '세상 물정 모르는 순진한 소리는 집어치우라'며 반문하는 당신이 되길 바란다. 당신을 지키고, 보호하며, 성장시키는 그 무언가가 타인에게 피해를 주지 않는다면, 그것은 '선善'이다. 그렇다면 '관계 센스'를 높일 수 있는, 그러니까 당신의 위치를 명확하게 세팅하여 아무도 당신을 함부로 얕보지 않고 언젠가는 리더로서 성장하게 만드는 방법은 무엇일까.

여기에서는 몇몇 말을 사례로 '관계 센스'를 강화하는 방법을 소개하고자 한다. 그렇다고 "부장님은 역시 동안이세요. 늙지를 않으시네요?" 등의 '아부성' 성격이 짙은 말을 하라는 건 아니다. 단 하나

부탁하고 싶은 것은 자신의 야망을 아낌없이 드러내라는 것이다.

"제가 그 프로젝트를 맡으면 ~한 것들에 중점을 두고 진행해 보고 싶습니다."

"저도 팀장으로서 구성원을 이끌 기회가 있겠죠? 그때를 위해서라도 저에게 많이 가르쳐주십시오."

"아무래도 제가 전략 기획을 함에 있어 전체를 보는 눈이 부족합니다. 어떤 것을 더 공부해 보면 좋을까요?"

평소에 자신의 야망을 말하는 것이 왜 '관계 센스'와 관련 있냐고 물을 수 있다. 직장생활을 하면서 느끼는 건, 리더는 리더가 되고 싶다는 말과 행동을 쌓아온 사람이 되는 것이고, 평소 자기를 드러내지 않고 그저 주어진 일을 '쳐내는' 데만 만족해하는 사람에게 리더 몫이란 없다는 것이다. 중견기업의 임원 한 분이 이런 말까지 하는 것을 듣기도 했다.

"승진 시즌이 되어 윗사람이 당신을 보고 '저 친구, 어떻게 하지? 팀장이 되고 싶다고 말하던데. 고민이야, 고민!'이라고 하며 피곤해하기를 기대합니다. 인사고과나 승진 시기에 윗사람이 이런 고민을 하지 않아도 된다면 당신은 직장생활 잘하지 못하는 겁니다."

'관계 센스'에 필요한 말들을 그저 '없는 말', '빈말'이라면서 무시하기보다는 일에 대한 자신의 진심을 표현하는 방식이라고 생각해 보자. 일에서의 어필뿐만 아니라 사람에 대한 마음 표현도 마찬가지다. 직장에서 서로를 인정하며 잘 지내고 싶은 마음을 표현하면 된다. '밥벌이'라고는 하지만 그래도 직장에서 잘하면 잘했다고 인정받고 싶은 소위 '인정욕구'는 인간의 본성에 속한다. 우리 평사원, 팀원, 후배들처럼 상사, 임원도 마찬가지다.

"저는 그 방향으론 생각하지 못했습니다. 선배님은 역시 이런 부분에 탁월하신 것 같아요."

없는 말을 지어내는 것이 아니라, '인정'을 하는 것이다. 당신이 상사에게 인정의 표현을 듣고 싶듯, 당신도 상사를 인정하고 세우는 말을 돌려주는 것이다. 이런 표현을 하기가 어렵다면 새로운 말을 만들어서 하기보다는 상사나 임원의 말 속에서 좋은 문장 혹은 명언을 기억했다가 그것을 다시 되돌려주는 것만으로도 '관계 센스'를 형성하는 데 도움이 된다.

"일전에 이사님께서 말씀하신 그 사자성어가 계속 생각나더라고요. 저희 아이가 마침 사자성어를 좋아하는데, 그 표현을 함께 나눴습니다."

별 이야기가 아닐 수도 있다. 하지만 상사는 당신이 자신의 말에 귀를 기울이고 있다는 제스처나 느낌을 받을 것이고, 이런 것들이 모이면 결정적 순간에 당신의 편이 되어줄지도 모른다.

그동안 우리는 상사의 말을 '싫다', '쓸데없다', '밉다' 등의 부정적인 필터로 걸러서 듣고 있었다. 상사를 밀어내는 마음 때문에 나의 의견에 반대되는 피드백을 받으면 그저 화나고 속상한 것에 그쳤다. 이제 윗사람의 피드백을 객관적으로 살펴보면서, 그들의 경륜으로부터 문제 해결의 시발점을 찾아보면 어떨까.

"거인의 어깨에 올라서서 더 넓은 세상을 바라보라." '구글 학술 검색' 사이트 scholar.google.co.kr의 첫 화면을 장식하는 아이작 뉴턴의 명언이다. 거인의 어깨 위에 앉은 난쟁이는 거인보다 더 멀리 볼 수 있다. 나보다 앞서 나간 사람들의 도움을 받는다는 것은 그들의 어깨 위에 앉는 것과 같다. 그 어깨에 타기 위해 어느 정도의 '관계 센스'를 활용하는 것, 나쁘지 않다. 타인을 경쟁에서 불법적으로 밀어내기 위한 관계를 맺는 것이 아니기 때문이다.

직장인에게 공공의 적은 '직속 상사'라는 말도 있다. 물론 그 마음, 이해는 된다. 하지만 이런 부정적 마인드로 직장생활을 불편하게 하기보다 상사와 공통 관심사를 찾으면서 여유롭게 지내는 게 낫지 않을까. 인생의 절반 이상을 회사에서 보내는 우리는 일단 회사가 편해야 한다. 회사생활이 즐거운지 괴로운지는 회사에서 맺고 있는 인간관계에 따라 크게 달라지는데, 이 인간관계의 핵심이 상사와의 관계다. '관계 센스'가 중요한 이유다.

고래도 움직인다는 칭찬,
주기도 받기도 어려운 이유

그들이 적은 보수, 혹독한 추위에도
선뜻 남극 횡단에 도전한 이유

       A가 B를 사랑한다고 해보자. A는 무엇을 해야 할까? 사랑한다고 생각만 하면? 아무 일도 안 일어난다. 사랑한다면 우선 상대방이 무엇을 좋아하는지 알고 싶다. B가 꽃을 좋아하는지, 매운 음식을 좋아하는지, 영화를 좋아하는지, 여행을 좋아하는지⋯. 다음에는? 그렇다. 알았으면 행동으로 옮겨야 한다. 매운 음식을 사주고, 영화를 같이 보러 가고, 여행도 함께한다. 그게 바로 사랑일 것이다.

    직장인의 '관계 센스'란 회사에서의 사랑에 관한 이야기다. 직장의 선후배, 혹은 동료로부터 인정받고 도움을 얻으며, 궁극적으로는 업무를 함께해 나감에 있어 성과를 내기 위해서 사랑의 힘을 빌리는 것이다. 내 주변을 둘러싼 타인을 사랑하고 또 사랑받는 것이다. 사랑하고 또 사랑받기 위해서는 말과 행동부터 달라야 한다. 내가 변하지 않으면? 아무것도 바뀌지 않는다. 상대를 변화시키려는 무모함보다는 내가 조금 변하겠다는 어려움을 택하기가 더 쉽다.

나의 변화를 알려주는 가장 확실한 방법은 상대방에 대한 나의 사랑을 알려주는 것이다. 직장에서 사랑타령이라니, 뭔가 대단히 어색하다. 사랑의 방법 몇 가지를 찾아내어 그것을 사랑이라고 치환하면 적당할 듯하다. 직장에서 나의 변화, 나의 사랑을 보여주는 쉽고 빠른 방법에는 칭찬이 있다. 칭찬에서 먼저 기억해야 할 점은 칭찬의 핵심이 칭찬 내용의 무게감이 아닌 칭찬의 순간이라는 '타이밍'에 있다는 점이다.

타이밍은 '지금 당장'이 전부다. 세상의 모든 격언은 예로부터 말해 왔다. '지금이 최고의 순간'이라고. 칭찬 역시 마찬가지다. 눈앞에 있는 상대방을 향해 즉시 칭찬하면 된다. 칭찬에도 때가 있다. 적당한 때가 되면 그때 칭찬하겠다고 여유를 부리지 말라. 칭찬은 쉽지 않다. 기회가 되면 칭찬할 준비를 하고 있어야 한다. 지금이 아닌 칭찬은 어떤 의미도 없다.

참고로 상대방이 눈앞에 있는데 그 사람에게 무슨 칭찬을 해야 할지 알 수 없다면 이 한마디를 기억했으면 한다.

'칭찬은 주어지는 게 아니라 찾아내는 것이다.'

칭찬할 소재는 상대방이 주는 게 아니라 내가 찾아내는 것이다. 찾지 못하면? 칭찬할 수 없다. 참고로 생각이 많아지면 칭찬하기 어렵다. 왜 칭찬해야 하는지 고민할 시간에 일단 칭찬을 표현하고 보

자. 칭찬하는 것을 두려워할 이유는 없다. 칭찬을 통해 상대방이 어떻게 변하는지, 그것을 관찰하면서 충만감을 즐기는 것이 나와 세상 모두에 이득이다.

세상에서 가장 힘든 것 중 하나가 '남의 일에 기뻐하는 것'이라고 한다. 힘들다는 건 그만큼 실행하는 사람이 없다는 뜻이다. 여기에 기회가 있다. 남들이 하지 않을 때, 하지 못할 때, 내가 먼저 칭찬하고 또 함께 기뻐하는 여유를 갖는다면 그 자체로 '예비 승리자'다. 오늘도 직장에서 관계 설정에 애를 먹고 있다면 상대방의 일에 기뻐하고 또 칭찬할 줄 아는 용기를 가져보면 어떨까 한다.

"아, 정말 잘 되었네요. 축하합니다."

"성과가 엄청나네요. 대단하세요."

"어려운 문제였는데 어떻게 해결하신 건가요. 배우고 싶습니다."

칭찬은 성공의 언어다. 이 세상의 위대한 리더들은 어김없이 칭찬의 달인이었다. 칭찬할 줄 모르는 사람치고 위대한 리더를 찾아보기 힘들다. 사실 질책하기는 쉽다. 누구를 비판하는 건 세상 모든 사람이 잘하는 '짓' 중의 하나다. 예를 들어 연차가 된, 지위가 높은 사람 중에서 부하의 잘못을 '광장에서' 지적하고 비판하기를 즐기는 사람이 있다. "내가 리더에 오르면 쪼는(?) 거 하나는 잘할 수 있어!"라는 말을 부끄러운 줄도 모르고 한다.

'섀클턴'이라는 사람을 아는가. 지금으로부터 100여 년 전 최초의 남극대륙 횡단에 도전했던 인물이다. 안타깝게도 그의 도전은 실패로 끝났다. 하지만 세상은 그를 지금까지도 위대한 리더의 한 명으로 인정한다. 왜일까? 거친 파도, 눈보라, 배고픔 등과 사투를 벌이는 항해 중 난파를 당했지만 탁월한 리더십을 발휘하여 대원들을 구했기 때문이다. 특히 섀클턴이 남극대륙 횡단에 도전하면서 사용했다는 대원모집 광고가 인상에 남는다.

"탐험 대원 구함. 보수는 적음. 혹독한 추위, 몇 개월 계속되는 암흑 같은 어둠, 끊임없는 위험, 무사 생환 보장 불가. 하지만 성공하면 명예와 칭찬(인정)을 받을 수 있음."

'근대 구인광고의 효시'로까지 불리는 이 몇 줄 안 되는 문장 중에 눈에 띄는 한 단어가 있다. '칭찬(인정)'이 그것이다. 많은 젊은이가 그 어렵다는 인류 최초의 남극 횡단에 선뜻 도전하게 된 데에는 바로 이 명예와 칭찬(인정) 외에 다른 것이 필요하지 않았다. 멀쩡한(!) 젊은이를 남극 횡단으로 끌어들인 마법의 언어는 칭찬(인정)이었던 셈이다. '남극대륙 최초 탐험'에 과감하게 도전하는 것보다는 쉬운, '직장 최초 칭찬 세례'를 퍼붓는 사람이 된다면 '관계 센스'는 최고조에 이르지 않을까.

잠깐, 칭찬은 하는 데서 끝나는 게 아니다. '칭찬을 경청하라.' 직장에서의 커뮤니케이션에 어려움을 겪는 분들에게 권하는 말 중의 하나다. 칭찬을 경청하라니, 무슨 말일까?

직장에서 상사가 당신에게 칭찬하는 경우라고 해보자. "김 대리,

정말 고생했어요. 불리한 상황에서도…." 칭찬을 들은 당신, 어떻게 답하는가. 이 말을 들은 당신의 반응이 궁금하다. 내가 했던 답을 적어보려 한다. 팀장을 할 때의 일이다. 팀 구성원 모두의 노력으로 큰 수주를 하게 되었다. 수주를 성공적으로 이끈 팀원과 함께 해당 사항을 임원께 보고할 때였다.

> 임원: 김 팀장, 박 과장. 정말 고생했어요. 불리한 상황에서도….
> 팀장: 네? 에이, 뭐 그런 말씀을. 별거 아니었습니다.
> 임원, 과장: …

임원은 잠시 후 팀원을 회의실 밖으로 나가게 한 후에 나를 따로 불러서 이렇게 말씀하셨다.

> 임원: 김 팀장, 상사가 칭찬할 때는 다 이유가 있어서 그런 겁
> 니다. 아무것도 아닌 것을 칭찬할 정도로 한가한 게 아니란 말
> 입니다. 칭찬을 잘 듣는 것도 직장인이 갖추어야 할 태도 중의
> 하나입니다. 앞으로는 상대방의 칭찬을 경청하고 또 그에 걸
> 맞게 대답할 수 있도록 하세요.

부끄러웠다. 임원에게도, 그리고 자리에 함께 있었던 팀원에게도. 이후로 나는 칭찬 듣는 법에 대해 고민했다. 고민의 결과, 이후로는

칭찬을 들었을 때 다음의 3단계를 거쳐서 대답하려고 노력한다.

1단계: [수용] 네, 정말 쉽지 않았습니다. 하지만 정말 다행입니다.

2단계: [감사] 알아주시니 감사합니다. 상무님의 조언도 큰 힘이 되었습니다.

3단계: [전파] 팀 내의 구성원들에게도 이번 사례를 잘 전파하도록 하겠습니다. 고맙습니다.

칭찬은 상대방과의 관계를 더 가까이 만드는 결정적 계기가 된다. 이때 칭찬하는 사람의 입장만큼이나 칭찬받는 사람의 태도도 중요하다. 일 년에 한두 번 들을까 말까 하는 직장 내의 칭찬. 당신은 어떻게 수용하고, 감사하며, 또 전파하고 있는가.

항상 챙겨야 할 첫째 목록
'눈치'

일이 꼬이고 인간관계가 꼬인다면
먼저 그것을 살피라

사생활은 중요하다. 회사에서의 시간과 공간을 개인의 그것과 동일시해, 서로의 가정사까지 속속들이 알고 지내던 시대는 끝났다. 팀장이라고 팀원의 페이스북 친구 요청을 '함부로' 하는 것은 예의가 아니다. 설령 친구가 되었더라도 팀원이 올린 사진을 보고 팀장이 "남자친구, 잘 생겼던데?"라고 말하면 눈치 없는 사람임을 인증하는 셈이다. 이것을 나쁘게 생각하는 리더가 있다면? 시대에 뒤처진, 한마디로 '꼰대'다.

일은 일, 개인은 개인이다, 이 정도는 직장인 '관계 센스'에 기본 상식이다. 거꾸로도 마찬가지다. 윗사람이 아랫사람의 사생활에 관여하는 것 이상으로 아랫사람이 윗사람의 사적인 영역을 함부로 넘보면 안 된다. 상사들 역시 그들만의 사생활이 있다. 팀장이 여러 명의 팀원을 이끌고 있다고 해서 팀장의 사생활은 만인에게 공개되어도 된다고 생각한다면 착각이다.

언젠가 문화 분야에서 일하는 한 후배를 만나게 되었다. 사람도 좋고 성실하며 무엇보다도 리더로서 인정받는, 한마디로 잘나가는 직장인이다. 임원을 바라보고 있을 정도로 조직에서 인정받는 핵심 인재였다. 그랬던 그가 언젠가 풀죽은 모습으로 나에게 하소연을 했다.

"선배가 알다시피 제가 올해로 마흔이잖아요. 결혼생활도 벌써 7년째고요. 그런데 잊을 만하면 꼭 한 번씩 듣는 말이 있어요. '팀장님, 언제까지 신혼생활 즐기시려고요. 형수님을 너무 사랑하는 거 아니에요? 이제 예쁜 아기 하나 만드셔야죠.' 마음이 쓰려요. 뭐라 대꾸할 말이 없으니 그냥 웃고 말지만 불쾌해지는 건 어쩔 수 없어요. 요즘 애들, 왜 그렇게 눈치가 없는 걸까요?"

이 친구, 아직 아이가 없다. 겪어보지 않은 사람은 절대로 알 수 없다는 그만의 고통이 느껴져서 뭐라고 위로해 줄 말이 생각나지 않았다. 한편으로 편안한 팀장이라고 개인적인 고통일지 모를 일을 아무렇지도 않게 말하는 그의 팀원에게 화가 났다. 물론 그 팀원은 좋아하는 선배이자 팀장인 이 친구에게 관심의 표현으로 그런 말을 건넸을 것이라고 좋게 생각하고 싶다. 하지만 아무리 선의로 한 말이라고 해도 듣는 이에게 상처를 준다면, 관계 센스 지수 '제로zero'의 눈치 없는 사람일 뿐이다.

허물없이 개인적인 고민도 나누고, 서로의 일상을 속속들이 나누면서 친밀하게 지내는 것, 물론 좋은 일이다. 나쁘다는 것이 아니다. 다만 그렇다고 해서 타인의 사생활을 자신의 기준에 따라 함부로 말해도 된다고 착각하면 안 된다. '관계 센스'가 있는 사람은 가까운 관계일수록 지켜야 하는 선이 있음을 안다. 상사에게 아무 생각 없이 건넨 한 마디로 인해 상사는 당신과의 결별을 준비할 수도 있다는 것을 기억해야 한다. 멀쩡한 관계를 엉망으로 만들고 싶지 않다면, 요즘 말로 '복세편살' 즉, '복잡한 세상, 편하게 살고' 싶다면 조심하자. 사례 하나만 더 확인해 보자.

금융회사에서 마케팅 부문의 파트장으로 일하는 또 다른 후배가 있다. 이 후배는 외모, 학벌, 성과 등 모든 것이 완벽하다는 말을 듣는다. 서른 후반인 그는 현재 미혼이다. 겉으론 태연한 척했지만, 결혼이 미뤄둔 숙제 같아서 요즘에는 소개팅에도 적극적이다. 그러던 어느 날, 후배인 파트원 한 명을 혼내주고 왔다면서 씩씩거렸다.

"어제 가족 모임이 있어서 서둘러 퇴근했어요. 오늘 아침에 팀원 한 명이 오더니 '파트장님, 어제 선보셨다면서요? 남자, 어땠어요?'라고 말하더군요. 기가 막혔어요. 누가 그런 말을 했냐고 했더니 파트원 중 한 명이 '파트장님, 꽃단장하고 서둘러 가는 것을 보니 선보러 가는 게 확실해'라고 말했대요. 제가 더 열 받는 건 그 말을 한 친구가 제가 평소에 제일 예뻐하고 가까이 지내던 후배란 거죠. 배신감 느껴져요."

통 크게 웃고 지나가면 별일 아니라고 위로해 줬다. 하지만 사실 이런 일, 절대 별일이 아닌 게 아니다. 일 잘하는 사람들은 보통 자신의 사생활에도 엄격한 잣대를 적용하는 경우가 많다. 평소 흐트러짐이 없고 구설수에 자신이 오르내릴 일도 웬만해서는 만들지 않는다. 이 친구 역시 그런 사람이었다. 그런데 그의 자존심을 건드렸으니, 파트원에게 느꼈을 배신감은 남달랐으리라.

관계는 나의 사적인 영역과 타인의 사적인 영역이 서로 만나면서 일어나는 일종의 화학작용이다. 각자의 사생활은 각자의 생각만큼이나 다양하다. 그래서 타인의 사생활에 대해서만큼은 절대적으로 주의해야 한다. 나의 사생활이 중요하듯 타인, 특히 회사의 상사나 동료들에 대한 사생활도 마찬가지다. 누구에게나 혼자만 간직하고 싶은 사생활이 있기 마련이다. 자랑스럽지 못한 학벌, 말하기 힘든 가족관계, 신체적 콤플렉스, 이혼, 사별 등이 그것이다. 그런 그들을 향해 이런 말들을 쏟아낸다면?

"선배님은 어느 학교를 나오셨나요?" "부모님은 뭐 하시나?" "여자 많이 울리셨겠어요." "결혼 안 할 거야?" "아직도 아기가 없어요?" "키가 몇이세요?" "집 장만은 언제 하려고?"

이건 질문이 아니다. 폭력이다. 누군가와 그동안 잘 쌓은 관계도 한 번에 무너뜨릴 수 있는 최악의 언어 목록들이다. 멀쩡한, 위와 같은 질문도 조심해야 하는데 어떤 사람은 상대의 약점을 장난삼아 건

드리거나 화제의 중심에 함부로 올려놓는다. 이런 사람은 '관계 센스' 이전에 기본적인 눈치도 없는 사람이다. 이에 대해 '다른 사람의 말에 큰 의미를 두지 않으면 되지?'라고 말한다면 인간관계에 대한 근본적 소양조차 없는 것과 마찬가지다. 타인의 말을 아무렇지도 않게 넘기는 사람이 세상에 몇이나 될까.

혹시 자꾸만 뭔가 일이, 인간관계가 꼬이는 것 같다면, 스스로 자신의 눈치에 대해 한번 살펴보자. '한번 뱉은 말은 누군가에게 잊지 못할 상처가 될 수도 있으니 조심하자'라는 말을 염두에 두면서.

PART ③ 세 번째 일센스

말 센스

'긍정'이 직장인의
능력인 이유

돈을 받고 일하는 것이라면
항상 준비가 되어 있어야 한다

'배달의 민족'을 창업한 김봉진 '우아한형제들' 대표이
사의 이야기를 읽게 되었다. 김봉진 대표가 구성원을 뽑는 면접 자
리였다고 하는데 그때 일어났다는 일을 각색하여 아래와 같이 대화
체로 정리해 본다. 당신이 면접을 받는 '면접자'라면 다음의 밑줄 친
부분에서 어떤 말을 했겠는가. 물론 전제는 대화의 마지막에 나오는
것처럼 김봉진 대표의 합격을 얻어낸다는 것이다.

김봉진: 다른 회사도 면접 많이 보셨겠네요?

면접자: 지난주에도 N사의 마지막 면접까지 갔다가 떨어졌습
니다.

김봉진: 무척 가고 싶은 회사였을 텐데… 불합격 소식 듣고 난 다

음에 뭘 하셨어요?

면접자: _____.

김봉진: 떨어질 때마다 늘 그러시나요?

면접자: 네. 제 습관입니다.

김봉진: 합격!

당신이라면 어떻게 답했을지 궁금하다. 김봉진 대표를 홀린(?) 면접자의 대답은 다음과 같았단다.

"힘내려고 맛있는 거 먹으러 갔어요."

'우아한'(형제들) 곳에 합격하려면 '우아하게' 말해야 하는데 그 우아한 말하기의 핵심은 '긍정'이었던 것이다. 김봉진 대표는 이렇게 말했다.

"그분은 직장인이 가져야 할 좋은 습관을 지니고 있었어요. 사실 회사라는 곳, 재밌는 일이 생기는 곳은 아니잖습니까? 누구에게나 피하고 싶은, 그런 일들만 일어나는 게 오히려 당연하죠. 그 과정에서 마음에 상처를 얻고, 우울해지고, 비참한 기분에 빠지고요. 하지만 그분은 그런 어려움을 쉽게 이겨내는 좋은 습관, 즉 긍정의 에너지를 스스로 만들어 낼 줄 압니다. 직장인으로서 최고의 습관을 지닌 분입니다."

긍정은 뇌세포 전달물질의 하나인 도파민을 치솟게 하며 결국 실행력을 증가시킨다고 한다. 낙관적 습관은 인내력의 열쇠가 되기도 한다. 최근 대한민국의 기업에서 걱정하는 것들, 즉 구성원의 '소진 消盡', 무기력함, 그리고 퇴사 등을 이겨내는 키워드가 바로 '긍정'이 되는 셈이니 자신의 마인드를 '긍정'으로 무장한, '말 센스' 가득한 사람을 조직이 예뻐하지 않을 수가 없을 테다.

물론 직장이라는 곳, 쉽지 않다. 아니, 어렵고 피곤하고 힘들다. 출근 때 회사 건물만 보여도 '어질어질하다'라고 말하는 사람이 있고, 조용한 사무실에서 옆자리의 팀장이 숨 쉬는 것만 들어도 고통이라는 사람도 있다. 그렇다고 해서 '싫다'만 외치고 사는 게 과연 옳은 걸까. 평생 함께 살 가족에게 솔직해진답시고 "주름살이 점점 늘어가네"라고 말해서 얻을 것이 없으니 "해가 갈수록 우아해 보여"라고 하는 게 훨씬 낫지 않은가. 직장에서도 마찬가지다.

직장이건 일상이건, 심지어는 우리가 즐겨보는 스포츠 속에서도 긍정은 한 사람을 괜찮은 사람으로 만드는 '말 센스'다. 서울을 연고로 둔 대표적인 프로야구팀으로 두산 베어스와 LG트윈스, 키움 히어로즈가 있다. 오래전 일이긴 하지만 두산 베어스에는 '스캇 프록터 Scott Proctor'라는 선수가 있었다. 2012년 마무리 투수를 하면서 좋은 성적을 거두었다. 팬들은 물론 선수들로부터 인성이 훌륭하다는 평가를 받았다. 그런 그가 인터뷰에 응할 때다. "프록터, 당신은 야구장에서 단 한 번도 '노 No'를 해본 적이 없다고 들었다"라는 기자의 말에 그는 이렇게 대답했다.

"어려서부터 집에서 배운 것이 있다. 돈을 받고 일하는 것이라면 항상 일할 준비가 돼 있어야 한다는 것이다. 마운드에 오를 준비하라고 했을 때, 단 한 번도 오늘은 힘들다고 해본 적이 없다."

그의 아버지가 회계사이고 본인 역시 회계학을 전공했다는 프록터는 야구 이후의 인생을 위해 따로 시간을 내어 증권 중개인 공부를 했다고 한다. 노력하는 모습이 아름다웠던 프록터, 결국 부상 등으로 한국을 떠났지만 이렇게 긍정적인 생각을 지닌 사람이라면 세상 그 어디에서 어떤 일을 하더라도 성공하지 않을까? 자기의 일에 대해서만큼은 단 한 번도 '노No'라고 말한 적이 없다는 긍정의 '말센스', 세상 모든 조직이 원하는 그런 인재의 전형적 모습이다.

직장 내 '말 센스'의 핵심은 긍정이다. 부조리함을 모른 척하고 수용하라는 것이 아니다. 회사와 조직원들이 고민하여 결정한 방향성과 지침이라면, 개인적인 의견이 다르고 마음에 들지 않는 부분이 있더라도 그것을 수용하자는 것이다.

물론 결론이 나기 전까지 구성원 개개인은 자신의 의견을 자유롭게 말할 수 있는, 한 마디로 '격렬한 정직성'이 대화의 전제여야 함은 당연하다. 예를 들어 '세 가지 시안 중에 어떤 게 최고인가?'를 두고 회의하는 과정에서, 후배가 선배의 이야기를 모두 듣고 나서 속으로는 자신의 의견이 세 번째 안이라고 하더라도 앞서 선배들이 고른 첫 번째 시안을 고르고 있다면, 이는 개인적으로나 회사 차원에서도 결코 발전적이지 않다.

한 중견기업의 팀장은 A, B, C안을 결정해야 하는 회의에 참석했을 때 팀원들이 임원의 눈치를 보며 먼저 의견내기를 주저하는 것을 보고, 언제부터인가 먼저 나서서 의견을 냈다고 한다. 임원의 의견이 앞서서 나오면 다른 의견을 내지 못하는 분위기가 되므로, 진정한 의견 교류가 막히는 것을 방지하려는 노력이었다. 물론 임원부터 직원들의 의견을 진심으로 듣고자 하는 열린 마음이 있었기에 가능했을 것이다. 이러한 용기로 해당 회의에서 임원은 물론 팀원 모두가 활발하게 자기 의견을 나누고 설득하는 토론 분위기가 정착되었다고 한다. 팀 내에서도 구성원 각자가 자기 의견을 표현하는 것이 조금 더 자유로워졌음은 물론이고.

구성원이 자기가 마땅히 해야 할 말도 못 한다면, 상사의 말에 반대의견이라도 말할라치면 "네 의견이 어딨어? 원래 그런 게 조직 생활이야!"라는 말을 듣는 험악한 분위기의 조직이 과연 건강할까? 아닐 것이다. '너희답게 의견을 또박또박 말해, 그래도 괜찮아!'라는 대화의 환경이 조성되는 조직이어야 그 조직은 더 나은 방향으로 발전할 잠재적 가능성이 크다고 할 수 있다.

그렇게 치열한 토론의 과정을 거쳐 결과가 나왔다면, 조직원은 자신의 의사와 반대되는 결정이라도 부정적 표현을 삼가고 수용하는 태도를 보이는 것이 바람직하지 않을까 싶다. 그럼에도 여전히 긍정의 마인드를 가지라는 제안이 부담스럽다면, '돌이킬 수 없는 일이라면 받아들이는 잔잔한 마음을 갖는 것도 용기'라는 말로 당신을 격려해 주고 싶다. 상대방이 원하는 것을 해줄 수 있는 것, 그건 당신의 능력이요, 용기며, 자신감이다. 부디 긍정적인 '말 센스'로 회사가 간절히 원하는 사람이 바로 당신이기를 기대한다.

자기 PR 시대의 무기,
'말 센스'

전략적으로 잘 짜인
자기소개 하나쯤은 있어야 한다

하나님은 왜 사람에게 말을 하게 만든 걸까? 이런 생각
이 들 때가 있다. 우리 주위를 한번 둘러보자. 어제도, 오늘도, 그리
고 내일도 말로 상처를 주려고 태어난 사람처럼 행동하는 경우를 어
렵지 않게 마주치게 된다. 직장인인 당신에게 묻고 싶다. 직장의 누
군가로부터 아름답고, 따뜻하며, 배려하는 말을 최근에 들어본 적이
있는가. 그 반대의 경우로 냉정하고, 차가우며, 마음에 상처를 주는
말을 들은 적이 훨씬 많지 않은가.

우리의 말들이, 특히 직장에서의 언어가 조금은 더 따뜻해졌으면
좋겠다. 아침에 일어나 회사에 가는 일을 씩씩하게 해낼 수 있는 것
은 동료의 다정한 말 한마디에서 시작된다. 당연히 누군가의 좋은
말 센스를 기대하기 전에 우리가 먼저 달라지는 게 옳다. 긴장 상태

에서 자기 보호적으로만 말하는 게 아니라 자신감 있게 커뮤니케이션하는 우리가 되었으면 한다. 말 한마디에도 상대방에 대한 예의를 갖추고, 더 나아가 상대방에게 도움을 주는 말을 할 수 있기를 바란다.

꼭 업무와 관련된 시간과 공간에서만이 아니다. 직장에서의 비공식적 모임, 예를 들어 조직 내 동호회 활동 등에서도 마찬가지다. 업무와 무관해 보이는 등산 동호회나 게임 동호회, 독서 모임 등에 대한 활동을 지원하며 필요하면 비용까지 대주는 회사가 늘고 있는데, 혹시 왜 회사가 사내의 이런 활동에까지 돈을 대주는지 생각해 본 적이 있는지 모르겠다. 개인적으로는 회사의 철저한 계산이 포함되어 있다고 생각한다.

다양한 조직 내 활동을 통해 인맥을 쌓으면 타부서 간 업무적 교류가 이루어지는 데 있어 윤활유가 되므로 궁극적으로 회사의 성장에 도움이 된다. 기업 전체적 맥락에서 일종의 투자다. 얽히고설킨 조직 내 관계는 언제 어디서 그 영향력을 발휘할지 모르는데, 친목으로 시작한 인간관계가 업무 등에 도움을 주기도 하기 때문이다. 그래서 중요한 게 있다. 설령 조직의 비공식 활동이라 해도 우리의 말은 조금은 달라야 한다. '말 센스'는 시간과 공간을 구별하여 적절하게 대응하는 감각을 의미하니까. 직장 밖에서도 비슷한 상황은 많다.

과거에 나는 한 포털 업체의 커뮤니티 중 마라톤 동호회에 가입한 적이 있다. 회원 중에 독립영화 감독이 있었는데 같은 회원이었던 작가 지망생과 마라톤을 통해 가까워지면서 훗날 작품을 통해 인연을 이어 나가기도 했다. 마케팅 회사에 근무하는 회원과 출판사에서 편집장으로 일하는 회원이 나중에 기업 홍보를 위한 책자를 만드는 회사를 차린 것도 봤다. 직장 밖의 상황이 이러할 정도인데 우리의 삶의 터전인 직장에서야 말조심, 아니 '말 센스'를 가다듬어야 하는 건 당연하다.

회사에서 등산 동호회에 가입한 적도 있다. 오프라인 모임을 가졌는데 내 또래의 누군가가 자신을 다음과 같이 소개하는 것을 보고 감탄한 적이 있다.

"안녕하세요, 저는 경영지원팀에서 일합니다. 산에 오르는 게 저의 유일한 취미입니다. 아, 혹시 보고서 만들다가 어려우면 저에게 연락 주세요. 제가 팀 내에서는 서류 작성의 달인이라고 불립니다. 업무 중에 보고용 자료 샘플이 필요하면 저에게 연락하십시오. 다른 건 몰라도 그것만큼은 확실히 도와드리겠습니다."

평범해 보이는 자기소개라고 생각할 수도 있겠지만 나는 이를 치밀한 '말 센스'로 받아들였다. 그 자리에 있던 사람 중에 보고 혹은 보고서와 무관한 사람이 몇이나 있겠는가. 각자 부서로 복귀하여 일할 때 서류 작성 중에 어려움이 생기면 이 친구를 찾지 않을까. 그렇게 한두 번 도움을 주고받게 되면 그 누구보다 끈끈한 회사 내 관계로 강화될 것이다. 사실 나부터 얼마 지나지 않아 보고서 작업하다가 그 친구의 도움을 받았다. 그 이후로도 그 친구와 상당 기간 친해졌음은 물론이다.

자신의 능력, 오직 그것만으로 회사에서 승부를 거는 시대는 지났다. 능력이 뛰어난 누군가를 알아내고 어떻게 활용하느냐의 여부가 성장의 열쇠가 되기도 한다. 자신의 역량을 과감하게 노출하고 누군가에게 도움이 되는 일을 하는 사람이라고 스스로 'PR' 하는 것, '말 센스'가 그 역할을 해줄 수 있음을 기억해 두자.

큰 기회가 될 수 있는
스몰토크

두려움 없이 누군가에게
다가갈 수 있는 작은 기술

'스몰토크small talk'란 날씨, 영화, 스포츠 등 일상적인 대화를 가볍게 나누는 잡담을 의미한다. '군자君子'의 '도道'를 커뮤니케이션과 연관 짓는 게 어색하긴 하지만 동양고전인《중용》에는 다음과 같은 말이 있다. "군자의 도란 비유하면 먼 길도 가까운 곳에서 시작되고, 높은 곳에 오르려면 반드시 낮은 곳에서부터 출발해야 하는 것과 같다." 대화, 소통 등의 커뮤니케이션도 마찬가지다. 높은 것, 대단한 것을 이루고자 한다면 낮은 것, 작은 것부터 잘 이야기할 수 있어야 한다.

스몰토크라고 해서 만만하게 봐서는 안 된다. 오히려 개인적인 생각이 여과 없이 드러나므로 조심하려는 마음가짐은 필수다. 협력업체와 미팅하는 경우, 상사와 대화하는 경우, 직장에서 휴식 시간에 대화를 나누는 경우 등의 상황이라면 다음과 같은 것들이 스몰토크의 사례가 될 테다.

"요즘 경기가 최악인데 어떻게 이 회사는 성장을 거듭하는 건가요?"

"평소 어떻게 일정을 관리하시는 거죠? 그 많은 일을 해내시는 것이 놀랍습니다."

"다음 달에도 해외 출장을 간다고 하셨죠? 체력 관리 잘하셔야 하겠습니다."

스몰토크를 적절히 활용하면 누군가에게 다가서는 것을 두려워하지 않게 된다. 특정한 누군가에게 직접 다가가야 하는 순간은 누구나 어렵다. 상대가 직장의 임원이거나 중요한 고객이라면 말할 필요도 없다. 이때 스몰토크는 대화의 물꼬를 트며 상대에게 나 자신을 인식시키는 수단이 된다. 다음은 업무보고가 끝나고 임원인 박 상무와 점심을 함께하게 된 김 팀장의 상황이다. 설렁탕을 시켜놓고 기다리면서 대화를 하긴 해야겠는데, 무슨 말을 할지 모르겠다. 이때의 두 가지 스몰토크 사례를 비교해 보자.

[사례 1]

　김 팀장: 오늘 보고 받느라 수고하셨습니다.

　박 상무: 그래요. 요즘 팀에 별일 없죠?

　김 팀장: 네. 덕분에 별일 없습니다.

　박 상무: 그래요.

김 팀장: …

박 상무: …

[사례 2]

김 팀장: 오늘 보고 받느라 수고하셨습니다.

박 상무: 그래요. 요즘 팀에 별일 없죠?

김 팀장: 네. 덕분에 별일 없습니다.

박 상무: 그래요.

김 팀장: 아드님이 이번에 대학에 입학했다고 들었습니다.

박 상무: 어, 어떻게 알았어요. 뭐, 간신히 들어간 거죠.

김 팀장: 저도 이제 아이가 중학교 2학년인데 상무님께 코치 받
    아야겠습니다.

박 상무: 에이, 무슨 소리. 애 엄마가 키웠지, 내가 뭘.

김 팀장: 자녀분 키우면서 무슨 말씀을 자주 해 주셨나요?

박 상무: 음. 딱 세 가지만 말하곤 했죠. 첫째…

사례 1의 경우 김 팀장은 설렁탕이 나온 후 임원과 아무 말 없이
밥만 먹다 끝났다. 곤혹스러웠을 테다. 사례 2의 경우는 다르다. 서
로의 공감대를 견고하게 다지는 기회가 될 수 있었다. 사적인 이야
기를 꺼내는 것은 조심스러운 일이지만, 평소 상대가 언급한 주제거
나 좋아하던 것을 기억했다가 꺼내면 좋은 대화거리가 된다.

"요즘 어때요"라는 말로 상대와 어떻게 관계를 맺어야 하는지, 현재 어떤 상태에 있는지 등의 정보를 알게 된, 시시콜콜함 속 휴머니티의 발견인 스몰토크는 직장인이 가볍게 활용할 수 있는 '말 센스'다. 그래도 여전히 뭔가 어색하다면 무엇인가를 말하려 하기보다 무엇인가를 질문할 줄 아는 것만으로도 스몰토크를 이어갈 수 있음을 알아두자. 다음의 질문 세 가지를 기억해서 활용하길.

"무슨 일 하세요?"

(직장 내에서 만난 사람이라면: "지금 담당업무가 ○○이시죠? 힘든 점은 없으세요?")

"어떻게 이 일을 시작하게 되셨나요?"

(직장 내에서 만난 사람이라면: "처음 이 팀에 발령받고 어떠셨어요?")

"지금 하는 일이 마음에 드시나요?"

(직장 내에서 만난 사람이라면: "앞으로도 그 업무 분야를 계속하고 싶으신가요? 아니면 관심 가는 다른 분야가 있나요?")

직장생활이 편해지는
설득의 기술

심리전에서 우위에 서려면
두괄식이어야 한다

'말 센스'가 필요한 이유는 원하는 것을 얻기 위해 상대방을 설득하고자 함 아닐까. 설득은 참 어렵다. 누구든 강요당하는 느낌이나 선택의 자유를 위협받는다는 생각이 들면 심리적 방어기제가 작동하기 때문이다. 그러하기에 설득의 과정은 눈에 보이는 이해관계를 다투는 백병전이 아니라 보이지 않는 서로의 감정까지 다루는 심리전이다. 결국 설득은 논리보다는 심리적으로 감정을 자극할 수밖에 없다. 설득, 과연 어떠해야 할까. 세 가지를 소개하고자 한다.

첫째, 설득은 두괄식이어야 한다.

중요한 내용이 가장 먼저 나와야 한다. 메일을 보낸다고 해보자.

전체 내용을 한 문장으로 축약해서 적은 후 나머지 내용을 풀어써야 한다. 장황한 서두? 필요 없다. 원하는 것을 얻고자 하는, 설득이 필요한 메일이라면 더더욱 쓸데없는 기교를 부리지 말고 간결하고 꾸밈없이 작성해야 한다. 말하기 역시 마찬가지다. 단도직입적으로 말하는 연습이 필요하다. 직장인의 '국룰' 아니 '직룰'은 두괄식이라는 점을 기억해 두자.

둘째, 설득은 반복되어야 한다.

당신이 지금 새로 나온 카메라에 관심이 쏠려 있다고 가정해 보자. 문제는 DSLR 카메라를 산 지 3년도 안 되었다는 점이다. 이럴 때 당신의 남편을, 아내를, 혹은 부모를 어떻게 설득할 것인가? 새 카메라의 효율성과 경제성을 논리적으로 설명한다? 글쎄, 힘들 것이다. 이때 '반복의 기술'을 추천한다.

한 실험에 따르면 영업사원이 영업할 때 46%는 한 사람에게 두 번 요청했으며, 14%는 한 사람에게 세 번 요청하고, 12%가 네 번, 4%가 다섯 번 요청했는데, 다섯 번 요청한 영업사원의 영업 성공률이 무려 70%에 가깝다고 했다. 이것을 응용하면 어떨까. 딱 다섯 번만 졸라보는 것이다. 밥 먹다가 '카메라 바꿔줘!', 외출하려고 할 때 '카메라 바꿔줘!', TV 보다가 '카메라 바꿔줘!' 등을 반복하는 것이다. 당신이 원하는 카메라가 어느새 당신의 눈앞에 있을 것이다. 좀 치사하긴 하지만 말이다.

셋째, 설득은 감정을 건드려야 한다.

아무리 말로 반복해서 졸라도 효과가 없다면, 최후의 방법으로 상대방의 감정을 자극해보는 것도 괜찮다. 갖고 싶은 제품의 카탈로그를 가슴에 안고 잠드는 것이다. 상대방은 마치 아이가 장난감 사달라고 조르다 흐느끼며 잠자는 모습을 보았을 때와 같은 감정을 느낄 것이다. 다음 날 당신은 상대방의 허락을 받을지도 모른다.

세 가지 모두 만만치 않은 과정이다. 원하는 것이 무엇인지를 뚜렷하게 상대방에게 전달하려는 마음가짐으로부터 시작해서 어린아이처럼 칭얼대야 하는, 즉 반복적으로 자신이 원하는 것을 제시해야 한다는 것이 자존심에 상처를 줄지도 모른다. 하지만 말 하나로, 행동 하나로 무엇인가를 얻어낸다는 것은 멋진 일 아닌가. 그게 단순히 집에서가 아닌, 더 좋은 평가를 받아야 하고 이왕이면 발전하는 사람으로 인정받는 것이 기분 좋은 직장에서라면 더 말할 나위도 없을 것이다.

세상에는 공짜가 없다. 갯벌에서 맛조개를 잡을 때 힘들게 삽질할 수도 있겠지만, 갯벌 구멍에 소금을 뿌려서 조개가 올라오길 기다렸다가 끌어내는 방법이 '치사하지만' 효율적인 방법이다. 마찬가지다. 필요하다면 적당한 설득의 기술을 기억해 두었다가 간결하고 짧은 순간에 활용해 보는 것, 나쁘지 않다. '말 센스'의 수준을 높이는 방법이다.

하나 더 알아두자. 말의 속도에 관한 것이다. 설득이란 일종의 주고받기 게임이다. 어쩔 수 없이 대화 당사자 중 한 명은 자기 생각이 상대방에게 저항을 받고 있다고 느낄 수밖에 없다. 이때 반항감이 드는데, 무섭게 달려드는 상대방에 급하게 반응하면 안 된다. 대답이 너무 빠르면 상대방도 방어에 급급하게 된다. 자신과 상대방, 모두의 말이 점점 빨라지고 있다면 그것은 서로를 설득하는 것이 아니라 서로 저항하는 격한 투쟁 상황으로 가고 있음을 알아차리고 대화의 속도를 조절해야 한다.

이제 뭔가 난관에 부딪혔을 때, 상대의 말에 지나치게 빨리 대답하려는 자신을 알아챘다면 말의 속도를 늦춰 보자. 상대의 말을 자르면서까지 반드시 말하려고 하는 습관이 있다면 더욱 그러하다. 상대방의 말을 끝까지 듣고, 다 듣고 나서도 곧바로 말하려 하지 않을 수만 있다면 대화의 속도 조절은 가능해질 것이고 '말 센스'의 수준은 한결 고급스러워질 것이다.

최고의 보고 기술은
'삼단논법'

▎바쁜 그들이 좋아하는 것에 맞추면
▎상부상조

보고는 직장인 말하기의 전부다. '우리'는 보고를 하는 사람들인 경우가 대부분이다. 여기서는 편의상 우리의 보고를 받는 사람을 '그들'이라고 해보자. 우리와 그들이 보고를 바라보는 관점은 지구와 안드로메다의 외딴 별만큼 멀기만 하다. 어째서 이런 거리감이 발생하는 걸까. 결론부터 말하자면 우리와 그들은 각자의 자리에서 그 자리에 맞는 생각을 하고 있기 때문이다. 보고하는 우리는 대체로 '귀납induction' 구조에 익숙한데, 이는 개개의 특수한 사실로부터 일반적 결론을 끌어내는 생각의 체계다. 예를 들면 다음과 같다.

사실 01: 경쟁사인 A사는 시장 점유율이 40%를 넘는다.

사실 02: 경쟁사인 B사는 시장 점유율이 30%인데 내년에 추가로 100개의 매장 확대를 계획 중이다.

사실 03: 경쟁사인 C사는 시장 점유율이 25%인데 내년에 추가
로 300개의 매장 확대를 계획 중이다.

사실 01~03으로부터 내린 결론: 후발주자로서 시장 점유율이
10% 미만인 우리도 이른 시간 내에 매장 확대 그 이상의 마케
팅 프로젝트를 진행하여 뒤처지지 않도록 해야 한다.

나름대로 논리적이며 깔끔하다. 하지만 문제는 이 순서대로 보고
하면 안 된다는 점에 있다. 이렇게 차근차근 보고해 봐야 되돌아오
는 피드백은 '처참한 깨짐'인 경우가 대부분이다. 왜 이런 일이 반복
되는 걸까. 이유는 '그들'이 바쁘기 때문이다. 학위논문을 쓰는 것처
럼 처음부터 끝까지 유려하게 흐르는 논리를 말하는 게 아니라, 보
고받는 상대방의 자리에서 점검해야 할 것들을 '팩트fact' 중심으로
언급하는 '말 센스'를 갖춰야 한다.

귀납의 말하기보다는 연역의 일종인 '삼단논법 syllogism'이 직장
인의 말하기로는 적당하다. 이는 하나의 주장을 하기 위해 주장에
대한 근거를 찾고 그것이 주장과 얼마나 밀접하게 관련되어 있는지
를 설명하는 것인데 이미 들어봤을 유명한 예문이 있다.

대전제: 사람은 모두 죽는다.

소전제: 소크라테스는 사람이다.

결론: 그러므로 소크라테스는 죽는다.

'소크라테스는 죽는다'라는 결론을 얻기 위한 근거로 두 개의 전제를 세웠는데, 여기서 '결론을 얻기 위한 근거로'라는 말이 핵심이다. 즉, 이미 결론은 내려진 것이고 다만 그 결론을 뒷받침하기 위해 몇 개의 근거가 필요했을 뿐이다. 직장에서 우리가 늘 마주치는 보고의 현장에서 이 개념을 염두에 두고 말할 수 있어야 한다. '그들'이 내린 결론 속에서 '그들'이 궁금해할 근거를 찾아낸다면, 그때야 비로소 '그들'이 원하는 보고가 된다. 예를 들면 다음과 같다.

> 결론: 후발주자로서 점유율이 10% 미만인 우리 회사가 6개월 이내에 최소한 3위 사업자로 거듭나기 위해서는 빠른 시간 내에 매장 확대 그 이상의 마케팅 프로젝트를 진행하여야 한다.
> 대전제: 우리 회사는 경쟁사와 비교해볼 때 정책 규제를 덜 받는다.
> 소전제: 경쟁사는 정책 규제로 인해 마케팅 비용을 사용하는 데 한계가 있다.

'그들'의 입맛(?)에 맞게 보고하는 것은 마음이 덜 상하는 보고를 위한 팁이다. 내용을 바꾸는 것이 아니라 보고 순서를 바꾸어 핵심부터 전달하면, 보고받는 이의 머릿속에 보고서 내용을 빠르게 이해하고 결정을 내릴 시간을 벌어 주는 것이다. 물론 '그들'의 결론을 지레 추측하기가 쉽지는 않다. 아는 체하며 말하는 것에 대해 조심해야 할 이유다.

내용은 그대로 둔 채 순서만 바꾸는 것은 눈 가리고 아웅 아니냐고? 그렇다면 이런 이야기는 어떤가. '조삼모사朝三暮四'라는 고사성어가 있다. 포털에서 검색하면 이렇게 풀이되어 있다. '눈앞에 보이는 차이만 알고 결과가 같은 것을 모르는 어리석음.' 그렇다. 우리는 '조삼모사 = 어리석은 사람들'이라고 생각해 버린다. 과연 그럴까? 이 고사성어의 출처인 고전《장자》를 찾아봤다. 이렇게 되어 있었다.

"원숭이 치는 사람이 원숭이들에게 도토리를 주면서 '아침에 셋, 저녁에 넷을 주겠다'라고 했다. 원숭이들이 화를 냈다. 그러자 그 사람은 '그러면 아침에 넷, 저녁에 셋을 주겠다'라고 했다. 원숭이들이 모두 기뻐했다. 명목이나 실질이나 아무런 차이가 없는데도 원숭이들은 성을 내다가 기뻐했다."

그리고 뭐라고 되어 있을까? "사람과 다른 원숭이의 어리석음을 도대체 어찌해야 한단 말인가"였을까? 아니다. 이렇게 쓰여 있었다.

"있는 그대로 인정해야 한다."

이렇게 말하면 불경스런(?) 일이 되는 것 같긴 하지만 보고받는 사람을 원숭이, 보고하는 당신을 원숭이 치는 사람으로 생각하면 어떨까. 보고받는 상사의 규칙에 따라 그저 당신이 할 수 있는 새로운 제안을 계속 내는 것, 당신이 옳다고 여겼던 것을 잠시 내려 두고 나와 다른 규칙으로 세상을 살아가는 상대방에 맞게 제안하는 모습이 '말 센스'의 기본원리 아닐까.

　이로 인한 유익은 크다. 보고를 받는 사람의 부담이 덜어지면 보고하는 사람의 마음이 상할 일도 줄어든다. 보고하는 사람의 입장에서도, 자신이 말하려는 요점을 먼저 제시하면 그 말의 근거와 맥락을 좀 더 일목요연하게 정리할 수 있게 된다. 보고가 힘들다면, 메시지를 전달하기가 어렵다면, 결론부터 말하는 우리의 '말 센스'를 재설계해 보길 바란다.

다르지 않음을
말하는 사람이 승리자

직장에서 해야 할 게임은 '오징어 게임'이 아니라 '유사성 찾기 게임'이다

두 명의 팀장이 있다. 김 팀장은 목표 의식이 뚜렷하다. 절박함이 가득하며 그만큼 열정도 대단하다. 박 팀장은 여유롭다. 종종거리거나 아등바등하다가 목에 핏대 세우는 법이 없다. 그런데 이상하다. 윗사람한테 깨지는 건 여유로운 박 팀장이 아니라 절박한 김 팀장이니 말이다. 알고 보니 보고의 기술, 즉 '말 센스'에서 차이가 있었다.

[김 팀장 이야기]

김 팀장은 윗사람에게 보고할 때 자신의 논리를 철저히 준비한다. 임원과의 충돌? 마다하지 않는다. "잘 진행하고 있긴 하지만 현장의 목소리가 덜 반영된 것 같은데…"라는 말을 듣게 되면 "제가 맡은 팀의 구성원을 통해 현장을 조사하고 나서 결과를 말씀드리는 겁니다"
라며 반박하기 일쑤다.

'철저한 준비'(?)가 오히려 문제인 걸까. 보고받는 사람이 '그러나'
혹은 '그런데'라고 말하는 순간 김 팀장의 얼굴은 붉으락푸르락해지
면서 화난 표정을 감추지 못한다. 그 결과는? "다시 정리해서 보고하
세요"라는 윗사람의 말뿐이다. 그 자리를 도망치듯 나선다. 자신의
자리로 돌아와 괜히 애꿎은 팀원들만 타박한다.

[박 팀장 이야기]

박 팀장은 임원에게 보고할 때 임원의 논리를 '악착같이' 수용하려
고 한다. 임원이 말하면 적절한 순간에 고개도 끄덕이고, 별 이야기가
아니어도 메모하는 (척) 모습을 보인다. "잘 진행하고 있긴 하지만 현장
의 목소리가 덜 반영된 것 같은데…"라는 말을 듣게 된다면? 설령 현장
에 대한 조사를 보고에 반영했다고 하더라도 "말씀하신 부분을 좀 더
챙겨서 추후 보고드릴 때 꼭 반영하겠습니다"라며 한발 물러선다.

그런데 이상하다. 박 팀장의 보고는 늘 '해피엔딩'이다. '다시 보고
하라!'라는 말조차 듣지 않는다. 오히려 "박 팀장, 고생했는데 우리
내일 밥이나 같이 먹읍시다"라는 제안을 받는다. 자기 자리로 돌아
와서는 보고에 관련된 일을 했던 팀원을 불러 칭찬한다. "이 대리 덕
분에 내가 이사님한테 칭찬받았어. 고마워!"

직장생활에서는 똑같이 제 일을 하더라도 스트레스를 덜 받는 자가 승자다. 남들 두 번 보고할 때 한 번에 끝내고, 상처 덜 받고 여유 있는 마음으로 후배도 챙길 수 있다면 직장생활의 최선 아닐까? 그런 의미에서 두 팀장의 역량이 비슷하다고 했을 때 결국 박 팀장이 승리자일 것이다.

《설득의 심리학 2》에서 로버트 치알디니 교수는 '비슷할수록 끌리는 유사성의 법칙'을 설명하면서 "사람은 가치, 신념, 나이, 성별 등 개인적인 특성을 공유하는 사람들의 행동을 따를 가능성이 가장 크다"라고 말했다. 예를 들어 전혀 모르는 사람에게 우편으로 설문지를 보낼 때 한 그룹에는 설문지를 받는 사람의 이름과 비슷한 이름을 발신자로, 다른 한 그룹은 이름이 비슷하지 않은 사람을 발신자로 했는데 이름이 비슷한 사람으로부터 설문지를 받은 그룹의 참가자들이 이름이 비슷하지 않은 그룹의 참가자들보다 설문지를 작성해서 보낸 비율이 거의 두 배가 높았다는 것이다.

드라마 〈오징어 게임〉 속의 등장인물들은 서로 남과 다른 자신의 차별점, 우월성을 무기로 살아남지만 그건 드라마 속 이야기일 뿐이다. 직장인에게 필요한 게임은 '유사성 찾기 게임'이다. 직장인의 '말 센스'는 상대방과 자신의 유사성을 찾아내는 것에서 시작되고 또 완성된다. 보고받는 사람이 '나쁘다!'라고 하면 '나쁘다'라는 것을 인정하고 수용하며, '좋다!'라고 하면 '좋다'라고 하면 된다. 이렇게 보고받는 사람과 자신과의 '유사성'을 찾아 나간다면, 다름보다는 다르지 않음을 말할 줄 안다면 직장 생활이 덜 버거워질 것이다.

아이들의 말이긴 하지만 '노잼'이란 말이 있다. '노 no'에 '재미'를 붙인 말로 '재미가 없다'라는 뜻이다. 보고에서의 노잼이란 무엇일까. 보고받는 사람의 말에 '노'를 붙이는 순간 '보고의 노잼'이라는 불행이 시작된다. 우리가 "노!"라고 말하는 순간 그들은 자신과 다른 생각에 결국 우리에게 '뭐?'라는 말로 역습을 시작한다. 그러니 상대방의 말에 잠시 판단을 보류하고 잠시만이라도 '지금 무슨 상황인가?'를 생각한 후에 비로소 말하는 게 어떨까.

직장에서 보고하는 위치에 있게 된다면 다음 세 가지를 '말 센스'로 갖추도록 해보자. 첫째, 상대방을 관찰하면서 그들이 이 보고에서 공감하지 못한 부분은 무엇인지 생각한다. 잠시의 시간이 필요할 것이다. 성급하게 그들의 생각을 판단하려 하지 말자. 둘째, 상대방과 공감할 수 있는 포인트 하나를 찾아내어 말한다. 예를 들어 "그 말씀, 맞습니다. 그 방향에서 해결책을 찾아보겠습니다." 일종의 인정이자 수용이다. 셋째, 상대방이 이야기하고 싶은 의도를 찾아내어 표현한다. "경쟁사가 문제가 아니라 우리 내부적인 역량에 대해 고민해야 한다는 말씀대로 다시 검토하겠습니다. 감사합니다."

이제 '보고쫌'은 잘할 수 있게 되는 '말 센스'를 갖추게 되었다.

쇼미더애티튜드
Show me the attitude

> **출근 시간에 늦은 당신이 사무실에 도착해서
> 가장 먼저 해야 할 말은?**

　　'마켓 컬리'를 창업한 김슬아 대표는 한 강연에서 성공 비결을 '매일 하루에 하나씩 문제를 해결해 나간 것'이라고 말했다. 광고 업계에서 잘나가는 리더로 인정받는 다른 한 분은 '어떻게 하면 창의적인 사람이 될 수 있느냐?'라는 질문에 '오늘 당신이 하려고 계획했던 일을 잘하면 됩니다'라고 답했다고 한다. 나름대로 잘나가는 리더의 말속에서 무엇을 느꼈는지 모르겠다. 나는 이분들의 말에서 '작은 것' 하나부터 오늘 당장 깔끔하게 처리해 나가는 것의 힘을 깨달았다. 관계건 업무건 아니면 그 무엇이건 우리의 미래를 만드는 건 다가올 시간에 대한 거창한 계획이 아니라, 오늘 당장 우리에게 닥친 작은 일들을 얼마나 꼼꼼히 해결하느냐에서 시작된다.
　　직장인의 '말 센스' 역시 작은 것으로부터 시작된다. 지각했을 때

하는 변명, 근무시간에 담배 한 대 피우러 나가자는 말, 아침에 출근하자마자 동료와 커피 마시고 왔다는 말, 오후에 출출하여 컵라면 한 그릇 먹고 왔다는 말, 식곤증이 심해 차에서 한숨 자고 일어났다는 등 우리는 이런 것을 그냥 해도 되는 별것 아닌 말이라고 생각한다.

"괜찮아. 점심에 가볍게 소맥 한잔은." "식사 후에 당구 한 게임 어때요? 조금 늦게 들어간다고 뭐라고 하겠어요?" "어제 회식 끝나고 2차로 간 곳, 근사하지 않았어?" "(근무시간 중)이가 아파서… 치과 잠깐 다녀올게요." "(근무시간 중)전세자금 대출 때문에… 은행 좀 다녀올게."

이렇게 편해도 되는 걸까. '워라밸'이라는 말은 이제 일반명사처럼 쓰이는데 이런 말들도 워라밸의 입장에서 별다른 문제가 없는 걸까. '워크'의 장소에서 '라이프'를 누리는 일은 주의할 일이다. 잘못하면 우리의 말들은 직장에서 '말'이 아니라 '짓'이 될 수도 있다. 예를 들어 근태에 관한 말이 그렇다. 임원을 오래 했던 한 선배는 나에게 '중요한 순간에 당신을 측정하는 전부가 되는 건 업무 성과가 아니라 근태'라고 조언했다. 그런데 아무렇지도 않게 그런 말을 하겠다고?

언젠가 한 언론에서 직장인을 대상으로 신입사원에 대한 의견을 조사한 결과 신입사원의 가장 밉상 행동으로 잦은 지각과 인사 안 하기를 꼽았다. 그 뒤로는 업무 시간에 잦은 휴대전화 이용, 잦은 업무 실수, 상사에게만 잘하는 아부형 신입사원, 자주 자리 비움 등을 들었다. 별것 아닌 사소한 일들을 회사는 중요하게 평가하는 것이다. 대기업에서 임원까지 지내고 지금은 중견기업을 성공적으로 운영 중인 사장님 역시 이렇게 말씀하셨다.

"직장생활 성공의 비결을 물어보는 사람이 있다. 나는 그 비결을 '사소함에 대한 가치 부여'라고 생각한다. 사소함에 목숨을 걸어야 한다. 사소한 것을 중요하게 여기는 마음에 차별성까지 갖춘다면 회사는 그 사람을 'Trustable One(신뢰할 수 있는 사람)'으로 평가한다. 조직에서 성공하는 승자가 될 것이다."

회사는 알고 있다. '전前 공정의 사소한 실수가 후後 공정에 심각한 악영향을 미친다'라는 사실을 말이다. 지각 안 하기, 인사하기 같은 태도의 기본을 지키는 것은 물론 작은 행동과 언사도 조심하는 '말 센스'를 갖출 때 회사는 당신을 믿을 만한 사람으로 여길 것이다. 의류 분야에서 탄탄한 중견기업을 일궈낸 한 창업주의 이야기 역시 마찬가지다. 그는 회사에서는 화장실 가는 것조차 조심스러워야 한다고 말한다.

"회사에 출근하자마자 화장실로 달려가 수십 분 동안 일을 보고 오는 직원이 있습니다. 그런 직원은 불러서 호통을 칩니다. 오전, 특히 출근 직후의 근무시간은 중요합니다. 출근 후 두 시간은 오후 시간 전부와 맞바꿀 만큼 일에 집중할 수 있는 시간이기 때문이죠. (출근 시간을 전후해 용변을 보는 것이)오래된 습관이라 하더라도 어떻게 해서든 바꿔야 할 이유입니다."

당신의 불만 섞인 목소리가 들려오는 것만 같다. "아무리 그래도 그렇지, 화장실도 마음대로 못 가요?" 나도 그렇게 말하고 싶다. 하지만 회사는 생리적 욕구를 해결하려는 그 자체를 문제 삼는 것이 아니다. 출근하자마자 느슨해진 마음가짐, 현안을 해결하기 위해 몰입해야 할 아침 시간에 시간 때우려 사무실을 나서는 당신의 모습, 새로운 기획안 구성으로 분주한 순간에 친구와 메신저로 잡담을 나누는 당신의 모습에 실망했을 뿐이다.

'스마트 워크smart work'라는 용어가 있는데, '말 센스' 관점에서 보는 스마트 워크는 쓸데없이 낭비되는 시간을 찾아내어 아끼고 소중하게 여기며, 작은 것에도 조심스럽게 말할 줄 아는 것을 의미한다. 그제야 비로소 회사도 당신의 태도, 즉 '애티튜드attitude'에 만족할 것이다.

직장 커뮤니케이션에서의
포장술

상대방에게 나의 말이 들리게 하려면
두 가지를 기억하라

'어떻게 하면 나의 말을 상대방의 귀에 잘 들리게 할 수 있을까.' 나는 아침마다 머리에 왁스를 바른다. 왜? 나의 외모를 통제하고 싶어서다. 나의 외모를 통제하는 것에는 나의 세계에 무슨 일이 일어나고 있는지를 이해하고 또 그것에 적극적으로 대응하고자 하는 욕망이 투영되어 있다. 직장인의 말하기도 마찬가지다. 보고받는 그들이 '내가 이 보고의 모든 상황을 제어하고 있어!'라고 느끼게끔 하는 게 보고의 꿀팁, '말 센스'의 기술이다.

언뜻 생각하면 '누군가의 통제에 이리저리 끌려다니란 말이야?'라며 반감이 생길 테지만 사실 이것이야말로 꽤 괜찮은 보고의 기술이다. 상대방에게 우리의 말을 억압적으로 주입하는 대신에, 상대방이 우리의 말을 적절하게 통제하고 있다고 느끼게 만드는 쾌감(?)을 슬쩍 주면서 상대방의 욕망을 달래는 것이다. '(보고받는)그들이 (보고하는)당신의 보고를 제어하고 있다고 느끼게 할 것', 이게 핵심이다.

많은 것을 한꺼번에 보여 주겠다? 뭔가 대단한 전략을 펼쳐 보이겠다? 당신의 의지와 열정, 이해한다. 완벽함을 추구하는 당신의 개성, 존중한다. 하지만 세상의 모든 중요한 내용을 담고 있다고 하더라도, 티끌 하나 문제없이 완벽하게 정리되었다고 하더라도, 그들에게 통제의 선택권을 넘겨주지 않는 한 그 어떤 보고도 환영받지 못한다.

'딜리버리 delivery'라는 개념이 있다. 보통 '배달, 전달'의 뜻이라고 알고 있지만, 컨설팅 분야에서는 클라이언트가 '기대 expect'하는 것을 충족시킨다는 의미로 사용된다. 여기서 핵심은 '기대'다. 그 기대는 우리가 제안하는 보고의 내용과 형식으로 충족되는 게 아니라 상대방의 욕망에 맞출 때 충족된다. 즉, 상대의 욕망에 관심을 기울일 때 우리의 '말 센스'는 한층 레벨을 높일 수 있다.

직장에서뿐만이 아니다. 일상에서도 마찬가지다. 개인적으로 대화법에 대한 특강을 종종 하게 된다. 기업체의 초빙으로 상하 커뮤니케이션 및 고객 커뮤니케이션에 대해 특강을 하기도 하지만, 초·중등학교에서 부모와 자녀 간의 커뮤니케이션, 일반 교양강좌에서는 말투, 말눈치 등을 소재로 나의 생각을 나누기도 한다. 다행히 호응도 나쁘지 않은 편이다(라고 생각하고 싶다).

어쨌든 특강에서 공통으로 언급하는 내용이 있는데 '상대방에게 나의 말이 들리게 하려면'이라는 주제다. 청중에게 이렇게 말씀드린다.

"상대방이 나의 말을 잘 듣게 하고 싶으시죠? 두 가지만 기억하시면 됩니다. 첫째, 상대방이 흥미를 지닐 만한 것이어야 합니다. 상대방이 흥미를 느끼지 못하는 것이라면 나의 어떤 말도 상대방에게는 들리지 않습니다. 둘째, 상대방에게 기쁨을 줘야 합니다. 기분 나쁘게 하는 말을 편히 듣고 있을 사람은 세상에 없습니다. 정리하자면, 나의 말을 상대방이 듣게 만들려면 두 가지, 나의 말은 상대방이 흥미를 가질 기분 좋은 말이어야 합니다."

직장 내 보고가 되었든, 일상에서 친구들과의 대화가 되었든, '말센스'의 핵심은 이 두 가지에 담겨 있다. 자기의 말이 그동안 누군가에게 잘 전달되지 않는다고 느낀다면, '왜 저 사람은 나의 말을 못 알아들을까?'라며 답답해했다면, 당장 한번 적용해 보길 바란다. 특히 우리가 일터에서 커뮤니케이션 도구로 늘 고민해야 하는 보고에 관한 한 더욱 그러하다. 보고받는 상대방에게 흥미가 있어야 한다. 흥미를 주지 못한다면? 어떻게 해서든지 기쁘게 받아들일 수 있게 해야 한다. 보고 받는 그들에게 기쁨과 흥미가 없는 그 어떤 보고도 잘 들리지 않기 때문이다.

회사원 최 대리는 팀장인 김 팀장에게 보고할 때마다 지옥에 다

녀오는 느낌이다. "이걸 보고라고 해요? 보고의 기본이 안 됐잖아
요. 답답합니다." 최 대리, 나름대로 최선을 다했다. 그런데 보고할
때마다 이런 상황이니 속된 말로 '멘붕'의 연속이다. 보고의 순서를
이렇게 저렇게 바꿔 봐도, 선배의 의견을 들어서 결론부터 이야기
해 봐도, 찡그린 김 팀장의 표정은 변하지 않는다. 그러다 그는 깨달
았다. 보고 그 자체가 문제가 아니었다는 것을.

최 대리가 알아챈 건 무엇일까. 현재 상사인 김 팀장과 이전 상사
인 박 팀장의 역학관계(?)였다. 김 팀장은 최 대리의 직전 상사였던
박 팀장과 소위 '원수지간'이었다. 최 대리는 그것을 알았지만 그다
지 신경 쓰지 않았다. 오히려 김 팀장이 뭐라고만 하면 "박 팀장님은
이런 방식으로 하라고 그랬는데요?" "이전의 팀장님은 결론부터 말
하라고 해서"라면서 현재의 팀장인 김 팀장의 속을 긁고 있었다.

이쯤에서 최 대리의 실수는 보고 그 자체가 아님을 눈치챘을 것
같다. '말 센스' 부족한 최 대리는 보고의 내용에 문제가 있다고 생각
해 엉뚱한 곳에서 해결책을 찾고 있었을 테지만 우리라면 이제, 새
롭게 부임한 김 팀장을 위해서라도(!) 흥미를 주는, 가끔은 기쁨을
주는 말을 할 수 있을 것이다.

"제가 그동안 놓쳐 온 부분이었습니다. 알려주셔서 감사합니다."

말로 표현하기가 어렵다면 긍정의 표정, 끄덕임의 몸짓 언어와 함
께 "네, 알겠습니다"라고 답하자. 몸짓 언어가 부족한 말 표현을 상당
부분 메워 줄 것이다.

'이렇게까지?' 직장에서 가끔은 덜 솔직해져도 괜찮다. 나를 지키는 일이라면, 나를 성장하게 만드는 일이라면, 적당한 '말 센스'는 유용한 스킬이다. 당신의 업무 능력, 보고의 밀도에 대해서는 의심하지 않는다. 단지 적절한 방법으로 윗사람의 동의를 얻어내겠다는 욕심 한 스푼이 추가되었으면 한다. 똑같은 빵이라도 검정 비닐봉지에 담긴 것보다 예쁘게 포장된 것이 더 맛있게 느껴지듯, 이제 직장에서 당신의 커뮤니케이션에도 적절한 포장술을 이용해 보기 바란다.

무장해제시키는 네 글자
"그렇군요!"

> ## 직장에서 버려야 할 생각
> ## '나는 원래 그런 사람이야'

'말 센스'에 있어서 버려야 할 태도는 '나는 원래 이렇게 말하는 사람이야'라는 고집스러운 생각이다. 직장에서의 보고와 같은 공적인 커뮤니케이션은 내 스타일대로 하는 게 아니라 직장 스타일, 상대방 스타일에 맞추는 게 정석이다. 사소하지만 결정적인 '말 센스'를 하나씩 개선하다 보면 결국 '보고 하나만큼은 김 대리가 최고!', '대화하면 언제나 기분 좋은 사람으로 기억되는 김 대리'라는 말을 듣게 될 테다. 이를 위해 세 가지를 기억했으면 좋겠다.

첫째, 상대방에게 적절한 선택권을 부여할 것.
상대방에게 선택권을 부여하는 것은 꽤 괜찮은 '말 센스'다.
"방법 A와 방법 B가 안정적이면서도 효율적인 도구라고 분석했습니다. 어떻게 진행할까요."

양자택일이라서 선택을 강요하는 느낌이 들 수도 있다면 선택지를 늘려보는 것도 괜찮다.

"A, B, C 등 세 가지 대안이 있습니다. 의견 부탁드립니다."

단, 선택지를 무작정 늘리는 건 오히려 듣는 사람을 피곤하게 하는 것이니 조심할 것. 예를 들면, "이번에 찾아본 마케팅 도구를 모두 찾아서 정리했습니다. 대략 열여덟 가지 정도 되네요." 글쎄, 이건 아니지 않은가.

둘째, 긍정적인 방향을 제시할 것.

"이렇게 하면 안 됩니다." "이 상황이라면 문제가 있습니다." 그리고 끝? 모든 말은 결국 해결책을 찾기 위한 경우가 대부분이다. 해결책을 제시하기는커녕 '불가능'을 선언하는 말은 소극적이면서도 한편으로는 건방지다. 현황 혹은 팩트 위주의 말하기가 중요하더라도 자신의 의견이 전혀 들어가지 않은 말은 비겁하다.

"이렇게 하면 가능하다고 봅니다"라는 말이 우리의 입에서 떠나지 말아야 한다. 초등학생들에게 "떠들지 마!"보다는 "조용히 해줄 수 있지?"가 자발적인 학습 분위기를 유도할 수 있는 것처럼.

셋째, "그렇군요!"를 아끼지 말 것.

우리는 나와 다른 사람과 대화해야 한다. 내 생각이 상대방의 마음에 그대로 박히기를 기대하는 건 과대망상이다. 그러니 내 말에 대해 상대로부터 부정적 반응이 오는 건 당연하다. 그때 어떻게 대응할 것인가가 우리의 '말 센스' 수준을 결정한다. "그게 아니고요" "잘못 생각하신 것 같은데…" "그렇지만" 등의 말, 이제 잊어버리자. 부정의 말은 상대방에게 방어 자세를 취하게 만든다. 대신 이렇게 말해보자.

"그 말씀을 들으니 좋은 생각이 떠올랐습니다."

"조직 관점에서 보면 그럴 수도 있다는 것을 제가 미처 생각하지 못했습니다."

상대방의 입가에 미소(?)가 생기는 걸 보고 나서야 비로소 하고 싶은 말을 해도 절대 늦지 않다.

"그런데 말입니다. 이런 의견도 가능할 것 같습니다."

일단 '그렇군요'로 대답하겠다고 마음먹어 보자. 세상이 편해진다. 아니, 회사 생활이 편해진다. 최소한 직장 내 커뮤니케이션으로 마음 상할 일은 반으로 줄어들 테다. 조직에 소속되어 월급을 받는 사람이라면, 적절한 '말 센스'를 익히고 또 그것을 언제든지, 기꺼이 활용할 줄 아는 게 맞다.

독불장군식의 근성만으로는 해결할 수 없는 복잡한 문제로 꽉 찬 곳이 회사고 직장이며 조직이다. 잘 살기 위해서라도, 편하게 살기 위해서라도, 우리의 '말 센스'는 정돈되어야 한다.

'부정'을 현명하게
사용하는 법

어려움을 말하는 것에도
기술이 필요하다

　　　　　좀 더 나은 사회란 무엇일까. 자신의 이데올로기만 고집하는 것이 아니라 타인의 이데올로기에 대한 이해에도 관심을 두는 사람이 많아진 사회 아닐까. 각자의 경험에서 생긴 이데올로기는 그 자체로 인정받는 게 맞다. 하지만 그것을 상대방에게 드러내는 방식에는 조심스러워야 한다. 직장인인 우리 역시 조직을 바라보는 각자의 이데올로기가 있겠으나 지나치게 과감한 개방은 독이 된다. 답답할 수 있겠으나 최소한 일터에 나온 그 시간만큼은 조직의 이데올로기, 상사와 리더의 이데올로기를 무시할 수 없다.

　　대한민국 기업 최고경영진의 이데올로기, 과연 어떤 것이 있을까. 대한민국 최고의 기업 최고경영진을 보좌한 임원 한 분으로부터 들은 이야기다. 그분이 말한 최고경영진의 특징은 한 마디로 '3-Fast'

였다. 세 가지가 빠르다는 말이었는데 첫째, 말이 빠르다고 했다. 최고경영진 중에 말 느린 사람이 없었다는 목격담이었다. 둘째, 걸음이 빠르다고 했다. 40대 후반인 그분도 회갑이 지난 최고경영진을 따라가기가 벅찰 정도였단다. 마지막으로 뭐가 빨랐을까. 밥 먹는 속도가 빨랐단다. 그러면서 그분은 이렇게 결론을 내렸다.

"직장에서 최소한의 인정이라도 받고 싶다면 일단 빠른 척을 하세요."

직장에서의 '말 센스' 역시 우리 주변을 둘러싼 기업의 이데올로기를 따라야 한다. 나의 이데올로기를 표출하는 것이 우리의 '말 센스'여서는 곤란하다. 상대방의 이데올로기, 넓게는 조직 전체의 이데올로기에 대한 이해가 바탕이 되어야 한다. 앞에서 '빠르다'라는 대한민국 기업의 이데올로기를 소개했는데 이번에는 다소 의외의 이데올로기를 소개하고자 한다. 평소의 우리 생각과는 약간의 거리가 있는 것인데 '적당한 부정'이 그것이다.

긍정 표현과 마인드를 오해하면 '무작정 긍정을 외치는 것이 옳다'라고 생각하기 쉽다. "매출 목표 달성, 해야 합니다!" "시장 1위, 할 수 있습니다!" 등의 적극 긍정이 필요하다고 말이다. 하지만 잘 살펴보니 직장이란 곳은 '무작정의 순수한 긍정'보다는 '적절한 부정이 가미된 긍정'이 이데올로기로 작동한다.

왜 그런 걸까. 사람에게는 '손실 회피loss aversion'의 심리 즉, 손실 가능성을 어떻게든 피하려는 경향이 있다. 새로운 것에 도전해 무엇인가를 얻는 기쁨보다 일이 잘 안 될 때의 고통을 더 강하게 느끼는 것이 인간의 심리다. 주식을 사는 것보다 손해를 보면서도 팔기가 어려운 이유다.

기업 역시 마찬가지다. 회사도 손실 회피의 심리가 더 발달해 있다. 세상의 잘나가는 리더들을 보면 실패를 극도로 싫어한다. 이를 우리의 '말 센스'에 활용하면 좋다. 어떻게? 다음의 두 문장을 우선 읽어 보자.

① 새로운 마케팅 도구를 사용하여 높은 성과를 이루겠습니다.
② 새로운 마케팅 도구를 사용하지 않으면 고객을 놓치게 됩니다.

우리의 '말 센스', ①과 ② 중에서 무엇을 선택해야 할까. '긍정'이라는 키워드에만 집중하면 ①을 택할 것이다. 하지만 실제로 기업 리더들과 인터뷰를 진행한 후에 내린 결론은 ②와 같은 말이 훨씬 설득력이 있다고 한다. '무작정 성공'이라는 막연한 자신감보다는 '조심스러운 절박함'을 대한민국의 기업은 선호하고 있었다.

따져 보면 ①보다는 ②를 선택하는 편이 말하는 사람에게도 이롭다. 잘하면 속된 말로 '면피'의 기회를 얻을 수 있기 때문이다. 상대방의 귀를 솔깃하게 하면서도 나를 보호하는 방법으로서 괜찮은 '말 센스'다.

언젠가 삼성그룹 임직원 2,000명을 대상으로 했다는 설문 조사 결과를 보게 되었다. '조직 구성원의 위기의식'에 대한 조사였는데 '왜 삼성이 위기의식을 가져야 하는가?'라는 질문에 44.5퍼센트의 구성원은 '시장 변화 양상은 앞날을 예측할 수 없기 때문'이라고 했고, 17.5퍼센트의 직원은 '세계 1위는 끊임없이 위협받는 자리이기 때문'이라고 말했다. 삼성그룹 구성원의 반 이상이 시장 변화에 대해 위기의식을 느끼고 있다. 국내 최대 규모의 기업도 이러한데 다른 회사야 시장과 환경의 변화에 얼마나 두려움이 많겠는가.

기업의 불안과 위기의식을 회사의 구성원인 우리도 절실하게 느끼고 있으며 해결을 위해 함께 노력하겠다는 마음을 말할 수 있으면 좋겠다. 적당한 때 어렵다고 말할 줄 아는 것도 '말 센스'다. 혹시 내일 보고할 일이 있는가. "생각보다 상황이 그리 나쁘지 않습니다"라며 여유로운 모습으로 말을 시작하기보다는 "말씀하신 대로 상황이 좋지 않습니다"라며 심각한 표정으로 말의 첫 부분을 '코디네이션 coordination' 하면 어떨까. 위기의식을 공유하고 있다는 '유사성 찾기 게임'처럼 말이다. 그게 연기든, 쇼든 관계없다. 자기 자신을 지키는 현명한 '말 센스' 그 자체니까.

NASA처럼
'엘리베이터 스피치'

> **바쁘신 그분들은
> 내 말을 들어줄 시간이 없다**

　　'엘리베이터 스피치 elevator speech' 라는 말이 있다. '엘리베이터를 탄 후부터 내릴 때까지 약 60초 이내의 짧은 시간 안에 상대의 마음을 사로잡을 수 있는 말을 하는 것'이다. 이는 할리우드 영화감독들 사이에서 비롯되었다고 한다. 시나리오를 가진 영화감독들에게는 그 시나리오를 수백억이 들어가는 영화로 제작해 줄 투자자가 필요하다. 하지만 돈 많은 사람은 대부분 시간이 없다. 그러니 우연히 탄 엘리베이터에서 투자자를 만난 그 순간을 통해 자신의 시나리오가 얼마나 괜찮은지를 말하는 것은 영화감독 자신의 인생과 바꿀 만한 일이다. 그때 핵심만 잘 말하는 기술이 엘리베이터 스피치다.

　　할리우드뿐만이 아니다. '미국항공우주국 NASA'은 미 연방정부의 기관 중에서도 직원 만족도가 가장 높은 곳이라고 하는데, 이곳에서 '엘리베이터 2분 스피치'를 도입해서 효과를 봤다고 한다.

> NASA는 새로운 커뮤니케이션 기법을 도입했다. '엘리베이터 2분 스피치'가 대표적인 사례다. 엘리베이터에서 갑자기 만난 사람에게도 2분간 자신이 하는 일과 회사의 목표, 비전을 정확하게 설명할 수 있도록 하는 훈련이다. NASA는 '조직의 비전과 미래를 정확하게 인식하고 주인의식을 갖게 함으로써 일에 몰입할 수 있게 하려는 것'이라고 설명했다. (출처: "NASA의 '엘리베이터 2분 스피치 훈련' 직원들 주인의식 높아졌다", 〈한국경제〉 2016년 11월 3일)

'엘리베이터 스피치'는 한 마디로 핵심을 말하는 기술이다. 상대방에게 빠른 의사결정을 내릴 수 있도록 도움을 주므로 배려이기도 하다. 보고는 간결해야 한다. 간결함 속에 핵심이 제대로 담겨야 한다. 간결함과 핵심, 이 두 가지가 '엘리베이터 스피치' 스타일의 '말 센스'다. 이때 '핵심'이란 '할 말만 하는 것'이다. 참고로 '할 말을 하는 것'은 아니라는 점을 주의하자. '할 말만(해야 할 말) 하는 것'과 '할 말을(하고 싶은 말) 하는 것'은 큰 격차가 있다. '할 말을' 하겠다고 하거나, 혹은 '할 말도' 보고에 포함하겠다고 생각하는 순간 우리의 보고는 중구난방이 된다.

핵심만 간결하게 말하는 기술, 엘리베이터 스피치 스타일의 '말 센스'를 익히기 위해서 우리는 무엇을 점검해야 할까. 세 가지만 기억해 두자. 첫째, 누군가 "지금 무슨 일을 하고 있습니까?"라고 물었을 때 답변할 준비를 늘 해둔다. 자신의 핵심 업무를 120초 내에 설명할 수 있도록 평소에 정리해 두면 좋다.

둘째, 누군가가 "그 일을 위해서 혹시 제가 도울 일이 있습니까?"라고 했을 때 부족한 부분, 필요한 부분을 적극 도와달라고 할 수 있어야 한다. 자기에게 부족한 자원을 파악하는 건 늘 중요한 일이다.

셋째, "잘되면 어떻게 되는 겁니까?"라는 질문을 받았을 때 성과를 설명할 수 있으면 더욱 좋다. 이 세 가지를 염두에 두고 말한다면 실제 이런 모습이 아닐까 한다.

① "상무님께서 말씀하신 고객 성향 분류 작업을 진행하고 있습니다."

② "마케팅 부서의 협조로 분석은 완료되었으나 개발부서의 일정상 다소 지연될 가능성이 있습니다. 독려 전화 한번 부탁드립니다."

③ "이 작업이 완료되면 경쟁사와 차별화된 마케팅 전략이 가능하게 됩니다. 거기에 고객센터 역시 이번 작업의 결과물을 통해 효율적인 고객 응대도 기대됩니다. 고객에게도 편안함을 드릴 수 있습니다."

NASA가 권장한다는, '120초'를 넘기지 않았다. 참고로 미국이 아닌 한국에 사는 나, 그리고 당신이라면 다음의 한 마디를 덧붙일 수 있을 듯하다.

"상무님께서 관심 가져주신 덕분입니다. 앞으로도 많이 도와주십시오. 고맙습니다."

글 센스

평범한 보고서를
빛나게 만드는 '필수템'

보고서를 들고 갈 때 반드시 지참해야 할
비장의 무기는 'OO'다

　　직장에서의 '글 센스'는 보고서가 전부다. 꼭 '보고서'라고 이름 붙인 것만이 아니라 기안문, 요청서, 이메일, 기타 모든 것의 쓰기는 결국 누군가에게 알리는 일이기 때문이다. 보고서의 형식을 빌려 우리는 글을 통해서 사람을 만나게 된다. 그래서 기억해야 할 게 있다. 보고서를 잘 쓰고 싶다면, 결국 만남을 전제로 써야 한다는 것. 보고서의 시작과 끝에는 시간과 공간이 함께한다는 것.

　　보고서를 잘 쓰는 방법에 대한 질문을 받는다면 '보고서 형식과 내용에 대한 집착 이전에, 보고서와 관련된 시간과 공간을 장악하라'라고 권하고 싶다. 어렵게 말했지만 별 게 아니다. 보고서를 받는 사람이 그 보고서를 읽으면서 낯설지 않게 사전작업을 해야 함을 말한다. 보고서 때문에 스트레스를 받는다고 한탄하기 전에 그동안 보고받는 사람과 얼마나 관계를 잘 쌓아왔는지, 얼마나 많은 접촉을 해 왔는지 살펴볼 일이다.

예를 들어보자. 당신이 윗사람으로부터 "아, 맞다. 김 팀장, 지난번 말한 A 회사 입찰 건 보고서 언제 볼 수 있을까?"라는 말을 들었다면 이미 보고서는 한마디로 '망ㄷ'이다. 만약 "요즘 바쁘지? 얼굴 보기 힘드네? 아, 그리고 보고서 잊지 않았지?"라는 퉁명스러운 말투까지 얹혀 있다면? 당신의 보고서는 미안하지만, 보고서의 질적 수준이 압도적으로 뛰어나지 않는 이상, 그 보고서로 좋은 평가를 받을 가능성은 이미 반으로 준 것이나 다름없다.

보고서는 그것을 받아서 읽는 사람의 시간과 장소를 장악하는 전투와도 같다. '보고서를 드리기 전에 때와 장소를 가리지 않고 악착같이 접촉하겠다'라고 다짐해야 한다. 보고서, 그 자체는 그냥 지금처럼 '적당히' 만들어도 된다. 다만 보고서를 만들어야 하는 그 시간 동안 보고받는 사람, 보고에 따른 이해관계자에게 덤벼드는 당신이야말로 회사가 원하는 '글 센스'를 갖춘 인재다.

참고로 보고서를 들고 윗사람에게 가기 전에 권할 만한 행동 하나를 추천한다. '설득의 과학'을 연구하는 데 전 생애를 보내며 세계적인 명성을 얻은 로버트 치알디니 교수는 자신의 책《설득의 심리학 2》에서 이렇게 말했다. "커피나 음료수를 들고 가서 건넨 다음 설득을 시작할 수도 있다. 그렇게 하면 말을 듣는 사람은 말하는 사람의 메시지에 우호적인 반응을 보일 것이다." 음료수 한 잔이 강력한 설득의 도구가 될 수 있다니!

여기에서 우리는 '커피 한잔'에만 집중해서는 안 된다. 커피 한잔은 장소적 변화, 시간의 흐름을 의미한다. 안다. 젊은 세대는 윗 세대와 잘 어울리지 않으려 한다는 것을. 이 사실을 당신이 거꾸로 이용했으면 좋겠다. 당신에게 기회라는 말이다. 동료가 움츠러들 때 당신이 먼저 다가가서 보고하고 피드백을 잘 받아서 보고서를 쓴다면?

후배 중에 보고서 쓰는 것을 두려워하지 않는 친구가 하나 있다. 이 친구, 말 그대로 직장생활이 힘들어 보이지 않는다. 윗사람에게 보고하는 것이 특히나 어려운 일인데, 보고나 보고서를 쓰는 일이 '귀찮다'고는 하지만 '힘들다'라고는 하지 않는다. 그의 비밀은 무엇이었을까. 참고로 그는 독서라고 하면 엄청나게 귀찮아한다. 그런데 책을 열심히 읽었던 나도 놓쳤던 로버트 치알디니 교수의 설득법을 그는 이미 터득하고 있었다.

보고서를 들고 윗사람에게 갈 때 두려워하지 않는 비밀은 과연? 실제 눈으로 목격한 일이다. 그 친구는 임원실로 곧바로 들어가지 않았다. 얼음 가득한 아이스아메리카노 두 잔을 들고 임원실 문을 두드리던 그 친구, "들어오세요"라는 말에 문을 조심스럽게 열더니 임원께 하던 말, 나는 내 귀로 똑똑히 들었다.

"부문장님, 이거 회사 카페 말고 요즘 커피 맛 좋다는 회사 밖 신상 카페에 가서 산 겁니다."

직장인이 가져야 할 '글 센스'의 핵심을 '보고서의 형식과 내용은 구조적이고 논리적으로 세련되어야 한다'라면서 외쳤던 나, '급' 부끄러워졌음을 고백한다.

보고서에서도 '5W1H'의 힘

스스로에게 여섯 가지를 질문하면서 글을 쓴다

보고서의 기본은 '5W1H'다. 보고서의 질적 수준은 결국 보고서를 읽는 상대방에 의해 결정되는데 보고서를 받는 사람의 머리에는 대부분 5W1H가 습관처럼 각인되어 있다. 당신이 미래에 리더로서 5W1H 위주의 보고가 의미 없다고 생각한다면? 그때는 폐기해도 된다. 예를 들어 "보고할 때는 1H만 필요합니다!" 혹은 "5개의 W라니, 너무 많잖아요. 줄이세요. 3W로"라고 말이다. 리더 마음이니까.

하지만 우리는 지금 보고서를 쓰는 사람의 처지다. 그들의 '지금' 생각을 일단은 따라, 보고의 부담을 줄이는 것이 목표다. 보고서에 들어갈 5W1H, 이미 아는 내용이겠지만 생소할 이들을 위해 다시 한번 정리해 보기로 한다.

① 언제 when 일어난 일인가, 즉 때를 뜻한다.

② 어디서 where 일어난 일인가, 즉 장소를 뜻한다.

③ 누가 who 주인공인가, 즉 주체를 뜻한다.

④ 주체가 원하는 것이 무엇 what인가, 즉 이루고자 하는 목표를 뜻한다.

⑤ 왜 why 그 목표를 이루려고 하는가, 즉 이유를 뜻한다.

⑥ 어떻게 how 그 목표를 이룰 수 있는가, 즉 방법을 뜻한다.

"보고서를 쓰는 사람이 어떻게 기본도 되어 있지 않아!"라는 타박을 혹시라도 듣고 있다면 보고서에 5W1H 중 하나라도 빠졌는지 확인해 보면 어떨까 한다. 사실 그 어떤 보고서도 5W1H만 잘 정리하면 큰 실수는 없다. 그러니 5W1H에 대해 다음과 같이 자신에게 질문하면서 쓴다면 '글 센스' 하나만큼은 괜찮은 평가를 받으리라고 본다.

① 언제 when → 언제 일어난 일이지? 지금은 어떻게 진행되고 있지? 언제까지 끝내야 하지?

② 어디서 where → 관련된 곳이 어디지? 관련 부서가 어디지?

③ 누가 who → 누가 주도적으로 진행할 거지? 진행하는 사람을 지지해 줄 책임자는 누구지?

④ 무엇 what → 이것을 통해서 이루려는 게 무엇이지? 그동안 뭘

못 한 것이고, 지금은 무엇을 할 수 있으며, 앞으로 뭘 할 거지?

⑤ 왜 why → 과거에 뭐가 문제였지? 지금은 뭐가 문제지?

⑥ 어떻게 how → 어떻게 하면 되지?

정용진 신세계그룹 부회장 역시 '5W1H'를 직장은 물론 일상에서까지 고민하는 것으로 유명하다. 2019년 초 프랑스를 방문한 그는 근황을 인스타그램에 올렸는데 하나의 게시물이 사람들의 관심을 끌었다. '미슐랭 3스타'를 받은 한 음식점을 방문했을 때의 사진이 그것이었다. 그 사진에는 이 레스토랑의 이름이 적힌 메모지 가운데 하나의 네모 칸을 중심으로 '5W1H'(what, why, where, who, when, how, (to whom))를 적은 것이 드러났다. 그 게시물에 그는 "가장 기본적인 것을 잊고 있었음. 가르쳐 주신 ○○○ 형님 감사합니다"라는 글을 덧붙였다.

한 그룹의 최고경영자인 그가 잊고 있었다는 '기본'은 무엇일까. 게시물 속의 사진에서 추측해 보면 5W1H라고 생각된다. 혹시 우리가 신세계그룹의 조직구성원이라고 해보자. 과연 5W1H를 외면한 채 보고서를 쓴다면 어떻게 될까. 5W1H는 한 그룹의 총수에게까지 '기본'이라고 강조됨을 기억해 두자. 기업의 총수뿐인가. 글을 쓰는 것을 업으로 하는 사람들 역시 5W1H를 기본으로 여긴다.

최근 들어 기자를 '기레기'(기자+쓰레기)라며 우습게 여기는 사람도 많지만 그만큼 그것은 기자의 역할에 대한 일반 국민의 기대치가 높기 때문이 아닐까 싶다. 그들은 글을 다루는 능력에 관한 한 그 어떤 직업보다도 최상의 위치에 있다. 그런 그들 역시 5W1H를 소중하게 여기는 것에는 예외가 없었다. 한 신문사 기자의 말이다.

> 5W1H는 어떤 상황을 남에게 보고하는 모든 글에 적용할 만합니다. 회사에 입사한 사원이 상사에게 무엇을 보고할 때도 육하원칙에 맞춘다면 칭찬받을 수 있을 것입니다. (중략) 학생들이 쓴 글을 읽다 보면 5W1H에 관해 가르쳐 줘야겠다는 생각이 절로 들 때가 많습니다. 자기소개서에 '저는 중학교 2학년 때에는 전국 학생 발명대회에 나가서 2등을 차지하기도 했습니다'라는 식으로 쓴 학생이 있었습니다. 5W1H를 생각하면서 '저는 중학교 2학년 때인 2006년 9월 15일 한국발명협회 주최의 제17회 전국 학생 발명대회에 참가해 '물 아끼는 수도꼭지'로 2등에 입상했습니다'라고 쓰면 어땠을까요. (출처: 김영환, "신문처럼 육하원칙 지켜 써 보자", 〈조선일보〉 2013년 12월 24일)

기자들의 '5W1H 사랑'은 여기에서 그치지 않는다. 상당수 기자는 자신의 이메일 계정에 아예 5W1H를 이용해서 만들기도 한다. 메일 계정 앞에 'moon5w1h' 혹은 '5w1h' 등을 활용하는 것이다. '기자'를 '리포터 reporter'라고 부르는데 리포트, 즉 보고서 쓰는 걸 '업業'으로 하는 사람들이라고 할 수 있다. 세상에서 글에 관한 한 가장 자신 있을 그들이 5W1H를 이토록 소중하게 여긴다는 건 글쓰기의 기본 중의 기본이 5W1H임을 잘 알기 때문 아닐까.

그들의 5W1H에 관한 감각, 즉 '글 센스'를 우리의 것으로 가져오면 좋을 것 같다. 사실 직장생활을 하는 한, 우리는 보고서를 회피하고는 편한 시간을 보낼 수가 없다. 이런 상황에서 회사 내 우리의 주변에 '글 센스'를 배울 만한 사람이 없다면, 글쓰기가 업인 기자의 글쓰기를 벤치마킹해 보는 건 어떨까. 최소한 5W1H라는 '글 센스' 정도만이라도.

보고서는
읽는 사람을 위한 것

내가 모르는 영어 약자를
보고서에 썼을 때 생기는 일

"사장님께 보고드릴 보고서를 어떻게 준비하고 있는지 부사장님께 미리 보고하기 위한 보고서 쓸 준비하기 이전에 제가 보고한 이 보고서 내용 보고 정리해서 보고하세요." 뭔가 돌고 도는 말, 씁쓸하다. 한편으론 서글프다. 우습다기보다 답답한 마음에 가슴이 아프다. 체계가 아직 잡히지 않은 작은 회사의 사례라 그러면 '그런가' 하겠다. 하지만 이는 직장인 익명 커뮤니티에 올라온, 대한민국 최고 공기업에 다니는 분이 쓴 자조 섞인 한탄이었다.

한국 회사만의 일일까. 나름대로 외국계 회사에 근무한다는 다른 직장인이 "윗사람이 알아듣게 보고서를 쓰다 보니 언젠가 여덟 살 우리 아들도 그걸 보고 알아듣더라"라는 자랑인지, 한탄인지 헷갈리는 이야기를 하는 것을 듣기도 했다. 보고 때문에 하루가 지나고, 보고서 때문에 이틀이 가는 우리의 조직문화, 개선될 수는 없을까.

안타까운 건 안타까운 것이고, 우리는 지금 당장 발등에 떨어진 불부터 꺼야 한다. 조직문화가 개선되어 보고서 혹은 보고 형태가 달라지기를 기다리기만 하는 것은 '평화로워야 할' 내 인생에 대한 예의가 아니다. 보고서와 보고를 적대적으로 보면서 괴로워하느니, 어떻게 하면 그것들이 우리의 일상에 '태클' 걸지 않을지를 고민하는 게 나와 세상, 아니 직장 내의 평화를 위해서 좋은 일이니 말이다.

우선 보고서의 본질을 확인해 두자. '보고서의 완성도를 결정하는 사람은 내가 아닌 보고서를 읽는 사람'이라는 것만 우선에 두고 있어도 보고서 때문에 문제가 생길 일은, 최소한 보고서 때문에 억울할 일은 줄일 수 있을 테다.

보고서의 형태는 어떠해야 할까? 어찌해야 보고서로 스트레스를 받지 않을까? 다음의 세 가지 키워드를 기억해 두자.

첫 번째 키워드는 '정직'이다.

보고서를 읽는 사람이 가장 싫어하는 것 중 하나가 '거짓 보고'다. 문제를 해결하는 방법, 성과를 얻어내는 창의적 도구 등을 찾는 것도 중요하지만 그 무엇과도 바꿀 수 없는 건 보고서에 거짓이 있어서는 절대 안 된다는 점이다.

자료의 정확성을 검증하는 건 보고서를 쓰는 사람이 해야 할 가장 중요한 임무다. 참인지 거짓인지에 대한 여부까지 보고서를 읽는 사람에게 미룬다는 건 보고자의 태도로서 부적절하다.

두 번째 키워드는 '눈높이'다.

보고하는 사람의 언어로 보고서가 작성된다면 그건 실패다. 상대방이 읽고 이해할 수 있어야 한다. 상대방이 이해하지 못한다면? 그건 전적으로 보고서를 쓴 사람의 잘못이다. '윗사람이 알아듣기 쉽게 보고서를 쓰다 보니 여덟 살 아들도 이해했다'라는 경험은 답답하긴 하지만 바람직한(?) 경험이다. 참고로 모르는 용어를 보고서에 써서는 안 될 일이다. 예를 들어 '약자 略字'를 쓰려면 그 용어를 알고 써야 한다.

과장으로 일하던, 십여 년 전의 일이다. 임원의 호출을 받았다. 재직 중이던 회사의 서비스 중에 하나를 설명해 달라고 하였다. 나는 나름대로 해당 서비스를 잘 파악하였고, 또 그것을 통해 대형고객도 꽤 수주한 터여서 그 서비스의 전문가로 이름이 있었기에 요청을 받은 것이다. 임원실에서 화이트보드에 구성도를 설명하면서 '잘난 체'를 하고 있었는데 담당 임원분이 물었다. "그런데 김 과장, 'CDN' 그게 뭐의 약자인가요?"

갑자기 말이 콱 막혔다. "그게 저… 'C'는 '콘텐츠 Contents'의 약자고, 'D'는…." 질문에 바로 답을 못하고 허둥대고 있을 때 임원께서 말씀하셨다.

"편하게 말해도 됩니다. 괜찮아요. 다만 앞으로 혹시 누군가에게 보고하거나 보고서를 쓸 때 김 과장이 모르는 용어는 그냥 쓰면 안 됩니다. 머리에 확실히 각인되었을 때만 사용하고 잘 모르겠다면 보고서 쓸 때 괄호치고 '풀네임'을 적어 두세요."

그때 참 부끄러웠다. 괜히 있어 보이려고 영어 약자를 여기저기 써둔 내 손에 화가 날 정도였다.

세 번째 키워드는 '논리'다.

앞의 두 키워드, 즉 정확하고 정직하게, 그리고 눈높이에 맞춰 쉽게 쓰려고 노력한다면 논리는 자연스럽게 정리될 것이다. 정확하고 쉬운데 논리의 비약이란 있을 수 없기 때문이다. 하나 더하고 싶은 것은 보고서를 쓰고 나서 '어디서 찾은 자료인가요?'라는 물음을 들을 때 '그거 인터넷에서 찾은 건데요?'라고 말하는 것은 삼갔으면 좋겠다는 것이다. 왜? '뭔가 없어 보이기 때문'이다.

보고서를 쓸 때 물론 인터넷에서 자료를 찾는 건 당연하지만, 인터넷에도 출처가 불분명한 자료가 많으므로 출처가 분명한 기관의 사이트 내 자료를 참고하거나, 검증 등의 차원에서 약간의 노력을 더한 후에 이렇게 말했으면 좋겠다.

"인터넷 검색으로 찾은 자료입니다만 해당 자료에 대해 관련 부서에 문의하여 사실관계를 점검했습니다."

'말 센스'가 보고서에 적힌 '글 센스'를 다른 사람과 비교하여 차별화하면서, 당신을 빛나게 해주는 순간이 될 테다.

잘나가는 사람은
대부분 긍정론자

안 되는 100가지가 아닌
되는 1가지를 써야 하는 이유

'해시태그'란 특정 핵심어 앞에 '#' 기호를 붙여 써서 식별을 쉽게 하는 메타데이터 태그의 한 형태다. 참고로 내가 SNS에서 주로 사용하는 해시태그는 이렇다.

#맛집 #야구 #책 #독서모임 #인문고전 #esg #인권

해시태그만으로도 나란 사람이 어떤지를 알 수 있을 것이다. 만나보지 않아도 어떤 사람인지 어렴풋이는 짐작할 수 있게 된다. 이렇듯 한 사람의 이름 앞에 붙는 해시태그는 중요하다. 직장에서 글을 쓰는 사람이라면 과연 보고서를 받아 읽는 사람이 생각하는 보고서의 해시태그가 궁금할 테다. 그 해시태그만 제대로 알아차려도 보고서 등의 직장 내 글쓰기를 함에 있어 '글 센스'의 수준이 높아질 테니 말이다.

보고받는 사람을 단순하게 모두 같다고 할 수 없겠지만, 그래도 어느 정도는 공통으로 묶을 만한 해시태그가 있긴 하다.

#보고받기싫음 #귀찮짜증 #인내심고갈 #맞춤법도모르냐 #보고서로왜나를괴롭혀

보고를 받는 사람의 해시태그 첫 번째가 '보고받기싫음'이라니 의외라는 생각이 들지 않는가. 그런데 이건 실화다. 어쩌면 나와 당신 주변에서 지금도 일어나고 있는 현실일지도 모른다. 실제로 한 대기업의 조직문화 컨설팅을 진행한 분의 이야기를 듣고 놀란 적이 있다. 그분은 말했다. "대한민국 기업의 임원이 하루의 일정 중에서 가장 괴로워하는 일정이 뭔지 아세요? 부하직원의 보고를 받는 일이랍니다." 무슨 말일까. 자기 생각과 다른 누군가의 생각을 보고서라는 형식으로 읽어야 하는 것도 괴로운데, 나중에 자기에게 책임으로 돌아올 의사결정을 해야 하니 힘들다는 것이다.

이제 '#보고받기싫음'의 이유를 알 수 있을 것이다. 그렇다. 보고받는 사람들 대부분이 늘 얼굴을 찡그리고 보고서를 읽고, 보고자를 쳐다보는 이유는 짧은 시간 속에서 선택이라는 의사결정을 해야 하는, 결국 그에 대한 책임을 져야 한다는 스트레스를 받기 때문이다.

거기에 더해 하루에 보고서를 읽어야 하는 횟수도 끊임없이 많고, 보고서 쓰는 사람마다 보고서 스타일도 중구난방이니 그때그때 적응하는 것이 어려울 수밖에 없다. 즉, 우리의 보고서를 읽어 주어야 할 사람의 마음에는 '보고서를 읽는 건 피곤해!'라는 게 있다는 것, 염두에 두어야 한다.

'열심히 준비한 나의 보고서만큼은 포용력 있는 모습으로 끝까지 읽어 주겠지?'라고 생각했다면 그건 '정당한 기대'가 아니라 '무모한 착각'일 뿐이다. 보고서를 읽는 사람의 처지(?)를 고려한다면 주의할 것이 있다.

보고서의 형식이야 그렇다 쳐도 보고서의 내용까지 보고받는 사람의 입장에 서서 쓰지 않으면 문제가 된다는 점이다. 보고란 문제 나열이 되어서는 안 된다. 골치 아픈 일로 가득한 사람한테 징징대며 찾아와서는 부서의 현안이 빼곡하게 담긴 보고서를 들이미는 부하를 예쁘게 봐주는 리더는 조직에 그리 많지 않다.

되돌아보면 조직에서 승승장구하는 사람 중에 '부정론자'를 본 적은 거의 없었다. 조직에서 속된 말로 '잘나가는 사람들' 대부분은 '긍정론자'였다. 나는 어떠했는가. 부끄럽지만 불만과 불평이 많았다. 문제 해결을 위한 대안을 말하기보다 문제점 그 자체를 두고 분노를 터트리는 것에 몰두하는 소위 '부정론자'였다. 그래서? 조직에서 인정받는 것에 실패했다. 부끄럽다. 거기까지는 좋다. 사람의 성격이라고 하면 되니까. 보고서 등의 글쓰기에서도 누군가의 문제점을 헤집고, 이슈의 불가능함만 토로하며 글쓰기를 마무리짓고는 했다.

문제를 제기하고 또 그걸 조직에 빨리 해결하라고 지적하는 것, 중요하다. 하지만 그건 보고를 받고 보고서를 읽는 사람의 몫이다. 우리는 자신이 맡은 일에서 시작된 문제를 해결하기 위해 긍정적으로 노력하려는 모습, 아니 해결의 방법을 보고서에 잘 녹여내면 된다. 문제를 해결하기 위해 부족한 부분이 있다면 '건의 사항'으로 처리하면 된다. 그게 직장인의 '글 센스'다. 한때 직장에서 모셨던 임원 한 분 역시 절대 긍정을 포기하지 말라는 취지의 말씀을 하고는 했다.

"'안 되는 이유 백 가지'를 말하기는 쉽습니다. 하지만 윗사람은 '되는 이유 한 가지'를 듣고 싶어 합니다. 불가능 속에서도 누군가는 성과를 내기 마련인데 조직은 그런 사람을 찾고 있습니다. '이렇게 해결해 보겠습니다.' 이런 의지가 보고서에 보여야 합니다. 보고서에 '이래서 안 돼, 저래서 안 돼'를 가득 적어놓은 직원을 좋게 봐줄 사람은 없습니다. 그는 조직의 썩은 사과로 보일 뿐입니다."

'키워 주고 싶은 인재'가 될 것인가, '썩은 사과'가 될 것인가. 그건 우리 보고서 내용에 얼마만큼의 긍정성이 들어 있는지로 결정된다. 안 되는 이유를 찾느라 헤매지 말자. 정말 되는 방법이 없는지를 스스로 묻고, 조금이라도 가능성이 있다면 그것을 보고서에 녹여내는 사람이야말로 조직이 원하는 '글 센스'를 지닌 인재일 것이다.

직장인의 필수템, '숫자인지 감수성'

숫자를 장악해야
상대방을 제압한다

직장생활 5~6년차 됐을 때의 일이다. 팀장님이 나에게 그 달의 매출 실적을 물으셨다. 나는 답했다. "그게, 음, 4억쯤 될 겁니다." 불호령이 떨어졌다. "영업 사원이 자신의 숫자를 모르다니 말이 됩니까?" 그때는 '뭐, 그럴 수도 있는 일 아닌가?' 하면서 크게 반감을 가졌다. 지금은? 나의 철없던 생각이 부끄럽다. 조직의 구성원이라면 숫자는 '일 센스'에 있어 절대 포기할 수 없는 요소다. 보고서 역시 마찬가지다. 숫자가 중요하지 않은 보고서란 있을 수가 없다. 숫자는 보고서에 쓰인 글자 중에서도 가장 중요한 요소임을 기억해야 기본적인 '글 센스'를 갖춘 직장인이다.

십여 년도 넘은 일이긴 하지만 지금은 퇴직하신 최고 영업책임자인 부사장님께 보고를 들어갔을 때 그분은 두툼하게, 그리고 화려하게 장식된 파워포인트 장표 수십 장은 열어보지도 않고, 부록으로 딸린, '오직 숫자'로만 가득한 엑셀 자료 하나만 검토하였다. 그리고 그 자리를 마무리하면서 앞으로는 쓸데없는 문서 작업은 그만하고 숫자 텍스트만 갖고 오라고 요청하셨다. 실제로 그때 부사장님은 수백 수천 개의 숫자만 가득한 엑셀 자료를 보면서 이렇게 말했다. "지금 당장은 걱정되는 숫자이긴 하지만 추세를 보니 목표 달성에 문제는 없겠네요." 숫자만 보고서 조직 전체의 문제를 조감해 내는 그분의 능력이 대단하게 느껴지던 순간이었다.

직장에서 잘나가는 분들일수록 숫자 민감도, 일종의 '숫자인지 감수성'은 최상이다. 그런데 생각해 보면 당연한 것 아닐까. 직장에서는 물론 일상에서도 말이다. 예를 들어 우리가 마트에서 점원에게 "이거 얼마예요?"라고 물었는데 점원이 "꽤 비싸요"라고 말한다면 어떤 느낌이 들겠는가. 보고서를 쓰는 사람이라면 다른 건 몰라도 숫자 하나만큼은 완벽하게 장악해야 한다.

다시 나의 과거 이야기로 돌아온다. 나는 숫자의 중요성을 간과했다. 숫자에 대한 타박을 받고서도 머리를 긁적이면서 "그게… 얼마였더라?" 하며 멋쩍은 미소로 넘어가려 했다. 그건 그냥 넘어갈 수 있는 일이 절대 아니었다. 마케팅 부서에 근무한다면, 스태프 부서에 있다면, 영업 사원이라면, 아니 개발부서의 구성원이라도 직장에서 자신에게 부여된 것의 숫자에 대해서만큼은 제대로 챙겨 둬야 한다.

예를 들어 영업 사원이라면 고객만족도, 순증 고객의 추이, 월별 실적 등까지 늘 마음에 새겨 둬야 한다.

아쉽게도 나는 팀장이 되어서야 비로소 직장의 언어와 보고서의 글쓰기는 숫자가 좌우함을 깨달았다. 실제로 평사원일 때는 안 보이다가 팀장이 되어 가장 잘 보이는 것 중 하나가 내가 맡은 조직의 숫자, 즉 실적이었다. 그러니 숫자에 대해 민감하지 못한, 보고서에 틀린 숫자를 써넣는 '글 센스'를 지닌 구성원의 보고를 받으면 답답하고 화가 났다. 숫자가 틀린 것으로도 모자라서 "2억쯤 부족할 듯합니다", "대충 천만 원 정도 차이가 날 겁니다"라고 말할 때는 화가 나는 것을 넘어 안타까울 정도였다. 그래서 심한 소리를 하기도 했다(여기서 반성한다. '쯤' 운운하는 팀원에게 '쯤' 겸손하게 말하지 못했음을).

숫자 하나로 상대방의 논리를 제압하는 당신이 되길 바란다. 물론 숫자보다 사람을 챙기는 게 우선이다. 하지만 그건 우리가 조직의 리더로 자리매김할 때 고민할 일이다. 좀 더 나은 사람으로 인정받으려는 과정에 있는 우리는 숫자에 대한 감수성을 높여야 한다. 보고서에는 '숫자 인지 감수성' 가득한 '글 센스'가 듬뿍 들어 있어야 한다. 업무와 관련된 숫자가 무엇인지(예를 들어 목표 등) 알아야 하고 그 숫자가 현재 어떻게 변화하고 있는지 수시로(가능하면 일일 단위로!) 파악해야 한다. 중요한 숫자는 암기해야 하는데 외워지지 않으면, 시험공부를 하듯이 숫자를 직접 흰 종이에 펜으로 써보는 것도 좋다.

십 년도 더 된 일이지만, 부끄러운 과거를 하나 더 고백할까 한다. 신임 팀장이 되고 얼마 후 임원을 모시고 회의하는 자리였다. 40~50여 명의 구성원이 모인 자리에서 각 팀장이 한 해의 각오를 발표하는 시간을 가졌다. 그때 내가 1팀장이었기에 첫 주자로 나가서 이렇게 말했다.

"안녕하세요. 신임 팀장이 된 김범준입니다. 부족한 게 많지만 열심히 해서 다른 분들에게 민폐가 없도록 하겠습니다. 잘 부탁드립니다. 감사합니다."

잔잔한 박수가 나왔다. 다음으로 2팀장이 앞에 나섰다. 숨을 고르더니 이렇게 말했다.

"안녕하세요. 2팀장입니다. 올해 저는 세 개의 숫자만 바라보고 살 겁니다. 888, 300, 500이 그것입니다. 888억은 우리 모두의 숫자, 300억은 저와 저의 팀이 맡은 숫자입니다. 500은 올해가 끝나고 목표에 도달했을 때 우리 팀이 받게 될 포상금 숫자입니다. 숫자와 함께 죽고, 숫자와 함께 살겠습니다."

열광적인 박수가 쏟아졌다. 당연했다. 1~2분 남짓한 시간에 '세 가지'라는 카테고리로 사람들의 관심을 끌고, 거기에 숫자 딱 세 개로 공간의 분위기를 압도했으니 말이다. 세상에는 이렇게 숫자를 잘 활용할 줄 아는 사람이 가득하다. 그런데 나는 "숫자가 틀렸어요? 아, 제가 실수했네요. 이거 참"이라며 머리를 긁적이고 있었다니. 부디 당신은 나보다 나은 모습이기를 바랄 뿐이다. 경영기획 분야에 있었던 입사 동기 한 명이 이런 말을 했다.

"숫자를 무시하지 않는 사람은 자신이 어디 있는지를 아는 사람이다. 목표와의 차이를 아는 사람이고, 갭이 생기면 그것을 극복하는 방법을 생각하는 사람이며, 결국 그 차이를 극복할 줄 아는 사람이다."

숫자 하나만큼은 확실하게 장악해 두기를.

베끼는 것도 최고의 전략

▌보고서의 달인으로 인정받는
▌가장 쉽고 빠른 방법은 가까이 있다

보고서라는 직장 내 글쓰기의 형식을 감당하고 또 그것을 자신의 무기로 삼아야 하는 건 우리에게 주어진 의무다. 교육컨설팅 회사에 근무하는 한 친구는 "저는 갖고 올라가는 보고서마다 퇴짜를 맞아요. 스트레스가 장난이 아니에요"라고 말했다. 그가 제일 싫어하는 말이 있단다. "보고서, 이게 최선인가요?"

'짜증 나겠다'라고 공감하던 것도 잠시, 이 친구는 나에게 엑셀 함수의 사용법, 인포그래픽 삽입법, 애니메이션 효과 이용법 등에 대해 계속해서 물었다. 그가 내게 묻는 질문의 핵심은 '어떻게 해야 보고서를 화려하고 멋지게 꾸미는가?'에 관한 것이었다.

그게 최선일까. 보고서를 멋지게 쓰려는 당신, 파워포인트 활용법이 잘 정리된 책 한 권을 샀다고 해보자. 아마 책의 내용보다는 책에서 제공하는 100개, 200개의 파워포인트 샘플 양식에 눈이 어두워져 대뜸 구매했을 테다. 그 샘플을 바로 자신의 노트북에 다운로드하고 직장에서 보고서를 만들 때 활용한다. 색깔도 화려하고 구조도 멋지고…. 그래서? 과연 성공했는가? "이건 완전히 하나의 예술작품이야!"라는 칭찬을 듣기는커녕 "울긋불긋 정신이 없어요. 누가 보고서를 이렇게 만들라고 했나요?"라는 반응이 오지는 않았는가.

보고서, 색깔이나 디자인이 중요한 게 아니다. 예술작품을 만들 때 필요한 창의력? 그딴 거 필요 없다. 괜히 '내가 미적 감각이 부족한 거 아닌가?'라면서 스스로 자책할 필요도 없다. 보고서를 잘 만들고 싶다면 그저 다음의 한 문장을 기억해 두면 된다.

"부서에서 보고서를 잘 쓰는 사람의 보고서 하나를 샘플로 삼아 그대로 따라 하면 됩니다."

내가 신입사원 때 잘나가기로 소문난 신규사업 부문의 임원께서 하신 말씀이다. 이게 정답이다. '부서에서 보고서 잘 만든다고 소문난 누군가'가 직접 만든 보고서를 입수하여 그대로 베끼면 된다. "표절 아니야?"라는 말을 들을 것 같다고? 절대 그렇지 않다. 당신은 소설이나 시 등의 창작물을 만드는 게 아니다. 그들이 알기 쉬운 형태의 실용적인 보고서를 만드는 게 임무다. 이 쉬운 방법을 놔두고 괜히 엉뚱한 짓을 하다가 보고할 때마다 깨지는 오류를 범해서는 안 된다.

직장인의 '글 센스'는 베끼는 것에서 시작된다. 보고서의 달인으로 인정받는 쉽고 빠른 방법은 잘된 보고서 하나를 그대로 베끼는 것이다. 이걸 모르고 무작정 창작 의지나 불태운다면? 착각이다. 화려한 이미지를 마구 삽입하고, 밑도 끝도 없이 문장을 서술형으로 처리하고, 번쩍번쩍하는 애니메이션 효과만 잔뜩 넣는 순간 당신의 보고서는 엉망이 된다. 그냥 이전에 선배가 만들어 둔 잘된 보고서 하나를 입수해서 적극적으로 'copy & paste' 하는 게 답이다. 언젠가 한 직장인 인터넷 커뮤니티에서 보고서 때문에 괴로워하는 누군가의 하소연에 이렇게 답변한 글을 본 적이 있다.

"잘 쓴 보고서 양식을 먼저 익히세요. 잘 모르겠다면 보고받는 사람이 인정하는 보고서 포맷을 찾아서 연구하세요. 그 포맷을 염두에 두고 그 바탕에서 저 사람이 원하는 게 뭔지, 그걸 어떻게 논리정연하게 드러낼 것인지 등에 대해 부딪혀 보면 보고서를 어떻게 써야 할지 답이 나옵니다. 그렇게 하다 보면 곧 인정받게 될 것이고, 소문이 퍼져서 '홍보팀 ○○○ 대리, 보고서 하나는 끝내줘!'라는 말을 듣게 될 겁니다."

당신이 모시는 임원이나 팀장이 사장님께 보고할 때 사용한 보고서 몇 개 정도는 손에 쥐고 있어야 한다. 설령 그 보고서의 내용은 모두 삭제된 것이라고 해도 최소한 형식만이라도 활용하면 당신의 보고서는 이전의 보고서와 다른 대우를 받게 될 것이다. 참고로 회사가 클수록 CEO에게 보고하는 보고서 양식은 회사의 표준 양식, 회사의 '국룰'과 같다. 화려하기만 한 파워포인트 활용법 책보다 백만

배는 더 소중한 자료임을 기억하자. 그걸 손에 쥐는 순간 이미 당신의 '글 센스'는 조직 내에서 '보고의 신神' 레벨이 된 것이나 다름없으니까.

이미 승인된 보고서를 베끼는 것! 가장 쉽고 빠르게 '글 센스'를 익히는 지름길이다. 사람은 상대와 아주 작은 공통점만 있어도 상대방에게 긍정적인 반응을 보이게 되는데 보고서를 읽는 사람이 이전에 '훌륭하다!'라고 한 보고서를 입수할 수만 있다면… 게임은 끝난다. 그러니, 베끼자!

디지털 커뮤니케이션
보고의 기술

> **디지털 글쓰기의 최전선에서**
> **비극의 주인공이 되지 않으려면**

보고서, 잘 썼다고 해보자. 과연 잘 쓴 것만으로 끝일까? 노력을 다해서 쓴 보고서가 정작 보고서를 받는 사람에게 '보고'가 아닌 '통보'로 인식된다면, 그 보고서는 잘못 쓴 것이 되어 버린다는 것을 아는지 모르겠다.

예를 들어보자. 팀장님이 지시한 기획서를 며칠을 고생하여 드디어 완성했다. 팀장님을 수신자로 하여 발신 버튼을 눌렀다. 홀가분하게 옆자리 동료를 불러 커피를 마시러 카페에 갔다.

시간이 흘렀다. 오후 늦게 팀장님이 부른다. "김 대리, 며칠 전 지시한 그 기획서… 아직 마무리가 안 되었나요?" 당신의 답은 이랬다. "그거… 아까 보냈는데 못 보셨어요? 이상하네? 수신함 한번 찾아보세요." 팀장의 표정은 과연 어떻게 변했을까. 당신이 팀장이라면 "아,

보냈나요? 수신함에 메일이 너무 많아서 미처 보지 못했습니다. 지금 당장 찾아볼게요. 미안해요. 하하하"라고 대답할 것 같은가.

보고서 작성의 최종단계가 있으니 그건 바로 보고서가 첨부된 이메일의 발신 버튼을 누른 후 다음의 5단계를 거치는 것이다. 어색하기 이를 데 없지만, '일걸바물말', 보고서를 쓰는 직장인 '글 센스'의 최종적 마무리로써 암기할 것을(?) 기대해 본다.

> 1단계: 일어난다 (이메일을 보낸 후 자리에서 일어선다.)
>
> 2단계: 걸어간다 (세 걸음 앞에 앉아 있는 팀장에게 간다.)
>
> 3단계: 바라본다 (인기척을 내어 팀장이 고개를 들게 한 후 눈을 본다.)
>
> 4단계: 물어본다 ("잠깐 시간 되십니까?")
>
> 5단계: 말해준다 ("팀장님, 말씀하신 보고서 메일로 보냈습니다. 확인해 주
> 십시오.")

그리고 카페에 가든, 화장실을 가든, 잠깐 농땡이를 치든 마음대로 하라. 그건 인정해(내가 팀장이라면!) 줄 수 있으니까.

직장 커뮤니케이션 특강을 진행하면서 '스마트하게 커뮤니케이션하는 방법에는 무엇이 있을까요'라고 물어보면 대부분 직장인은 '이메일을 활용합니다' '카톡을 적절히 사용합니다'라고 대답한다. 스마트폰이라는 '디바이스device' 그 자체를 이용한 커뮤니케이션을 스마트한 커뮤니케이션이라고 보는 것이다. 나는 이에 이의를 제기

하고 싶다.

회사라는 조직의 커뮤니케이션에 있어서 '스마트함'이란 자신이 원하는 것을 얻어내기 위해서 커뮤니케이션의 도구를 적절히 '조화'시키는 데에 포인트가 있다. 문자메시지, 카톡, 사내 메신저, 이메일…. 자, 여기서 빠진 게 보이는가. 그렇다. 상대방의 눈을 보면서 자신의 목소리로 말하는 커뮤니케이션이 빠져 있다. 지금 대한민국 직장에서의 커뮤니케이션 문제점은 사람의 목소리가 빠져 있다는 것에 있다.

우리는 너무나 쉽게 '목소리'가 아닌 '손가락'으로 커뮤니케이션을 시작하고 끝낸다. 이메일이나 문자메시지 혹은 SNS 등을 소통의 주된 도구로 사용하면서 자신의 목소리를 사용하는 것이 어색해졌을 정도다. 이러한 방법을 잘 조화시키려면 스마트폰으로 소통을 시작하고 끝내려는 태도에 문제가 있음을 알고 있어야 한다. 소외되어버린 우리의 목소리야말로 여전히 최고의 커뮤니케이션 도구임을 기억해야 한다.

회사에서 사용해야 할 우리의 조직 커뮤니케이션 최고의 도구는 '회사의 상사나 동료, 혹은 부하에게 직접 자신의 목소리를 통해서 말하는 것'임을 잊지 않았으면 한다.

중견 솔루션 회사에서 영업사원을 하는 지인의 이야기다. 그분이 직접 목격한 사례다. 옆 팀의 영업사원이 고객과 미팅하다 보니 시간이 흘렀나 보다. 사무실로 들어가자니 바로 퇴근 시간이고, 안 들어가자니 애매해서 퇴근 시간 10분 전에 스마트폰을 꺼내어 자신의 팀장에게 다음과 같이 카톡을 보냈단다.

> 팀장님, 고객 미팅이 이제 끝났습니다. 늦어서 바로 집에 가보겠
> 습니다.

해당 사원의 카톡을 받은 팀장의 반응은 어땠을까?

'응? 뭐야…? 내가 자기 친구인 줄 아나 보지?'

혹시 당신이 영업부서에 근무한 경험이 있다면 소위 '직퇴'라는 것을 알 것이다. 직퇴란 고객과의 회의가 길어지게 되어 영업 현장, 혹은 회의 현장에서 퇴근하는 경우다. 고객과 만난 장소가 회사에서는 멀고 집에서는 가까운 장소라면 종종 있는 일이다. 있을 수 있는 일인데 뭐가 문제였을까. 목소리로 '보고'하지 않고, 손가락질로 '통보'를 한 것이다.

'바야흐로 음성의 시대는 가고 문자의 시대가 왔다.' 우리는 보통 이렇게 생각해 왔다. 실제 생활에서도 웬만한 것은 '톡' 등의 텍스트를 이용한다. 음성통화가 낯설어지고 있다. 대부분 회사도 이미 모바일에 의한 커뮤니케이션 시스템을 구축해 놓고 있다. 사내 교육도, 업무 처리도 스마트폰으로 가능하다. 그러니 일상적인 상황에서 윗사람과 문자 등으로 커뮤니케이션하는 게 뭐 그리 나쁘냐고 반문할 수도 있겠다. 그런데 과연 그걸 이용하는, 정확히는 우리 말고 윗사

람의 생각도 그러할까.

정답은 'No'다. 회사는 카톡 등의 텍스트를 직장인의 '글 센스'로 인정하지 않는다. 그래서 조심해야 한다. 예를 들어보자. 월요일 아침이다. 전날 밤, 늦도록 TV를 보다 늦잠을 잤다. 헐레벌떡 뛰어갔지만 하필이면 눈앞에서 버스를 놓쳐버렸다. 시계를 본다. 출근 시간이 아슬아슬하다. 스마트폰을 꺼낸다. 팀장 이름을 찾아 1:1 채팅을 누른다.

팀장님, 차가 막혀서 조금 늦습니다.

그러고 나서 안도의 한숨을 돌린다. 여기서 잠깐, 당신에게 물어보겠다. 이 친구, 안도의 한숨을 돌릴 때가 맞는가. 아니라면 어떻게 한단 말인가. 이렇게 한다.

"팀장님, 차가 막혀서 조금 늦습니다."

어, 이상하다. 똑같은 말 아닌가. 다르다. 카톡이 아닌 전화를 들어서 내 목소리로 말하는 게 다르다. 전화 걸기 버튼을 누르고 상대방이 전화를 받으면 나의 목소리로 말하는 것이다. 나의 목소리로 말하는 순간 상대에게는 '통보'가 아닌 '보고'가 된다. 문자메시지나 카톡은 일방적 커뮤니케이션임을 반드시 기억해야 한다.

친구와 주고받는 카톡은 쌍방향일 수 있다. 하지만 회사의 상사와 주고받는 카톡은 절대 쌍방향이 될 수 없다. 어떤 의미에서든지 일 방적일 수밖에 없다. 특히 팀원인 당신이 팀장에게 보내는 문자메시지나 카톡은 매우 도전적이고 위험한 대화 도구임을 잊으면 안 된다.

지금까지 문자메시지나 톡 등이 회사생활에 있어 문제가 되는 경우를 확인했다. 그렇다면 이런 의문이 생길 것이다. '뭐야, 이제 카톡이랑 문자메시지는 회사에서 아예 하지 말라는 거야?' 아니다. 활용해야 한다. 문자메시지나 카톡을 잘 활용하면 회사에서 좀 더 나은 사람으로 자신을 '포지셔닝'할 수 있다. 어떻게 할 것인가. 이 한 마디를 기억해 두었으면 좋겠다.

'나쁜 것은 목소리로, 좋은 것은 텍스트로.'

무슨 말일까? 사람들은 자신에 대한 칭찬을 문자메시지나 메모, 이메일 등으로 받는 것을 좋아한다. 우리 구성원들뿐일까. 리더일수록, 윗사람일수록 칭찬과 인정의 텍스트에 더욱 목말라하고 있음을 알기 바란다. 웃을 일이 적고 고도의 스트레스에 시달리는 고위직일수록 사소한 즐거움 하나에도 감동하는 경우가 많다. 당신이 먼저 감사의 내용을 담은 문자메시지를 보낸다면 그들은 당신을 고맙게 생각하게 된다.

그런데 우리는 거꾸로 해왔다. 기쁘고 즐거운 일에 대해 텍스트를 보내는 '글 센스' 대신 변명이 필요하거나 회피하고 싶은 상황에만 텍스트를 사용했다. 내가 불편한 건 '소리 없는 글'로 전하려 하고 기쁘고 즐거운 일은 '소리 나는 말'로 하려고 들었다. 실수다. 회사라는 곳에서 어렵고 복잡한 일이 얽혀 있을 때는 말로 대화하기 바란다. 즐거운 일은? 오래오래 기억할 수 있는 증거로 남겨 두자. 지금까지 이 두 가지를 완전히 바꿔서 사용하지는 않았는가? 텍스트는 아래와 같이 사용해야 하는 것이었다.

> 부장님, 성공했습니다. 지난주에 고객사 함께 방문해 주신 것이 큰 힘이 됐습니다.
> 이사님, 아드님이 영재교육원에 합격하신 거 축하드려요! 제 딸도 가고 싶어 하는 곳이거든요.
> 우수사원 포상금 받았습니다. 팀장님 덕분입니다. 내일 점심 괜찮으세요? 제가 쏠게요!

텍스트는 이럴 때 쓰라고 있는 것임을 '글 센스'에 추가하도록 하자. 하나 더, 기쁘고 즐거운 일이 아닐 때, 즉 어렵고 힘든 상황일 때 텍스트를 적극적으로 활용할 필요가 있다. 예를 들어 당신이 대규모 프로젝트의 입찰 현장에 있다고 가정해 보자. 당연히 상사에게 전화를 걸 시간도 없고, 큰 목소리로 상황을 보고하기도 만만치 않을 테다. 이럴 때 텍스트를 사용한다. 시간대별로 상사에게 다음과 같이 텍스트를 보내는 것이다.

팀장님, 입찰 현장에 온 경쟁사는 세 곳입니다. 고객사 임원과 친밀하게 인사를 나눈 곳은 A사입니다. 그 외 특이사항은 없습니다. / 오전 10:50

우리 회사의 제안가에 대해 3% 내외의 추가 인하 가능 여부를 문의해 왔습니다. 오늘 저녁까지 답변달라고 하니 관련 부서 소집 부탁드립니다. / 오후 2:00

지금 막 끝났습니다. 입찰 현장 정리 및 고객사 담당자들과 마무리 인사를 한 뒤 음성통화로 자세한 상황 보고하겠습니다. 팀장님이 신경 써주셔서 원활하게 진행이 되었습니다. 고맙습니다. / 오후 3:40

만약 당신이 부서장인데 부하직원으로부터 이런 카톡을 받았다면 어떤 생각이 들까. 통보라고 생각할까. 아니다. '제대로 된, 아주 훌륭한' 보고라고 생각할 테다. 나아가 '이 친구, 꼼꼼하게 일 잘하니 든든하군'이라는 생각까지 들면서 보고 자체뿐만 아니라 당신의 가치에 대해서도 한 번 더 생각하게 될 것이다. 그런데 만약 종일 아무 소식도 없다가 이런 카톡을 보내오는 직원이라면?

입찰 진행 완료. 늦어서 직퇴합니다. / 오후 5:45

어떤 기분이 들지, 당신이 상사라고 생각하고 판단해 보라. 업무 상황에서 보고를 위한 텍스트는 일이 다 종료된 후에 보내는 것이 아니라 상황마다 적절하게 중간 보고를 하는 것이 제대로 된 활용법이다. 'Timing is Everything.' 이 말처럼 텍스트를 잘 사용하는 직장인의 '글 센스'는 타이밍에 대해 센스 있는 사람이라는 점을 기억하기 바란다.

이미지 센스

책상 밖에서 결정되는 이미지

▌ 소통과 융화, 협업을 가능하게 만드는 전략
▌ '인사를 잘하자'

　　나는 **비흡연자다**. 거리에서 담배를 입에 물고 연기를 뿜으며 앞서 걸어가는 사람이 아직도? 있다! 이런 사람에게는 욕을 퍼붓는다. 물론 마음속으로. 그런 내가 역겨운 담배 냄새도 기꺼이 참아내겠다고 결심하게 된 사건이 있었다. 오래전, 회사생활 초창기 때의 일이긴 하지만.

　　내가 속한 팀은 지독한 흡연자들이 가득한 그룹이었다. 오후 한가한 시간이면 우르르 몰려나가 자리를 비우는 사람들의 뒷모습을 보며 나는 한심하다고 생각했다. '회사에 일하러 오는 거야, 담배 피우러 오는 거야?!'

　　그러던 어느 날, 잠시 외출할 일이 있어 흡연 구역을 지나게 되었다. 그곳에 있던 선배 하나가 나를 보더니 웃으며 이렇게 말했다.

186

"죠스 온다!" 세상에나, 나도 모르는 사이에 선배들에게 '죠스'로 취급되고 있었다. 왜 나에게 잔인하고 난폭한 상어, 죠스라는 별명이 붙었을까? 나는 그 자리에 함께 있던 한 선배를 찾아가 이유를 물었다. 그분은 이렇게 충고했다.

"너는 앉아서 일만 하면 그게 회사생활 끝인 줄 알지? 다른 사람들과 정서적 교감도 나눠 봐. 그게 부족해서 어느 순간부터 너를 '죠스!'라고 부르게 된 거야."

어느새 그들 사이에서 나는 '왕따'가 되어 있었다.

직장에서의 '이미지 센스'란 자신이 외부에 보이는 모습을 잘 세팅하는 것을 말한다. 자리에 앉아 일에만 몰두하는 성실한 당신? 혹시 '죠스' 취급받고 있는 건 아닌지 확인했으면 한다. 당신의 상사, 동료, 후배들과 함께하는, 기억에 남고 의미가 있을 만한 시간과 장소가 적절한 시기마다 만들어져야 한다. 당신이 훗날 자리를 떠나더라도 그들이 "이곳에 오니 그 사람이 생각나는군"이라고 말할 수 있는 추억을 남길 수 있어야 한다.

직장인에게 이미지는 사무실, 좁게는 자기 책상 그 공간만으로 형성되지 않는다. 오히려 사무실 밖의 다양한 장소에서 결정된다. 이미지뿐이랴. 업무에 필요한 정보를 광범위하게 얻는 경우도 비일비재하다. 그동안 몰랐던, 부족했던 타인의 역량을 습득하는 기회가 되는 것이다. '오직 자신'만의 업무 영역에서 벗어나 조직 전체의 소통에 적극적으로 참여할 수 있게 하는 것, 조직 융화와 팀워크, 그리고 협업을 가능하게 하는 것, 그것이 바로 '이미지 센스'다.

언젠가 말 잘하기로 소문난 한 방송인이 자신의 소통법을 이렇게 고백한 적이 있었다.

"앉아 있으면서 누군가가 내게 다가오길 기다려서는 안 된다고 생각했습니다. 제가 먼저 다가서려고 합니다. 제가 먼저 웃고 또 인사하려고 합니다. 혹시 어디에서 만난 제가 바보처럼 웃으며 인사를 해도 오해는 하지 마십시오. 제가 정신을 살짝 놓은 것도, 여러분의 얼굴에 밥풀이 묻어서 그런 것도 아닙니다. 오직 소통하고 싶어서 그런 겁니다."

그의 성공 뒤에는 자신이 먼저 다가가기 위한 부단한 노력이 있었다. 조직 생활도 마찬가지다. 남과 친해지려는 노력이 당신을 조직에서의 승리자로 만든다. 승리자라고 하면 거창하다. 최소한 지금보다는 편하게 직장생활을 할 수 있다. 지금 당신이 '나는 오직 일로서 승부를 거는 업무형 인간이야'라며 스스로 격려하고 있다면 고개를 들어 주변을 둘러보자. 혹시 자신이 '죠스', 혹은 '변방형 인간'으로 취급받고 있는 것은 아닌지 말이다.

업무 외에 상사의 마음, 동료의 마음을 얼마나 알고 있는가. 그들과 허심탄회하게 가슴속 이야기를 주고받기는 하는가. 당신 주변의 사람들에 대해 한참 생각해 봐도 업무 외에 별달리 아는 것이 없다면 지금 당장 필요한 것은 먼저 인사할 줄 아는 '이미지 센스'다. 업무의 시너지는 어쩌면 딱딱한 회의실이 아니라 카페 앞에서 우연히 만난 다른 부서 직원을 향해 "요즘 바쁘시죠? 언제 밥이라도 한 끼 같이 해요"라는 가벼운 인사에서 시작될지도 모른다. 인사하는 것을 아부나 아첨이라고 좁게 생각하지는 말자. 우리도 복도에서 눈을 마주친 타부서 사람이 차갑게 지나치는 것보다 웃으며 가벼운 안부를 물을 때 기분이 좋지 않은가.

직장뿐이랴. 우리의 일상에서도 마찬가지다. 언젠가 엘리베이터를 탔을 때의 일이다. 한 아이가 꾸벅 인사를 했다. "안녕하세요." 아마 내 아이의 친구였나 보다. 나는 "그래" 하고 한마디 하는 것으로 끝났다. 그것도 '넌 누구니?' 하는 표정과 함께. 세상을 아름답게 만든다는 건 그리 어려운 일이 아니다. 어린 친구들이 나에게 하는 인사를 잘 받아주는 것만으로도 나는 세상을 멋지게 하는 것에 공헌하는 사람이 된다. 다음번에는 이렇게 받아주련다. "안녕. ○○ 친구인가 보구나. 인사성이 밝아서 좋네. 고맙다."

이렇게 한마디를 건네면 아마 나는 사랑하는 나의 아이에 대한 좀 더 내밀한 정보를(긍정적인!) 그 친구에게 들었을지도 모른다. 나는 그 기회를 놓쳤다. 게다가 친구 아빠의 뚱한 표정과 건조한 음성에 어색했을 그 친구는 '잘못된 학습효과'로 어른들에게 인사하는 것을 불편하게 생각하게 될지도 모른다. 그런 아이들을 보면서 '인사도 하나 제대로 못하는 요즘 애들'이라면서 평가했을 테고.

이렇게 작은 것 하나가 나와 타인의 관계를 좌우한다. 누군가의 이름을 불러주고, 누군가에게 먼저 인사하고, 누군가의 말에 귀를 기울이고, 누군가의 인사에 환하게 웃으면서 답례하는 것, 이런 것들이 모여 '나'라는 사람의 이미지를 만들고 좋은 관계를 형성한다. 상대의 이름을 기억하고 불러주는 것, 상대에게 먼저 인사하는 것, 이런 작은 것부터 스스로 '이미지 센스'를 다듬어 보기를.

직장인의 1등급 키워드

어떤 수식어를 붙이고 싶은지 고민하라

'와인wine'을 공부했다. '무슨 술을 돈 주고 배우나? 그냥 사서 마시면 되는 거지'라는 의문이 들 수도 있겠으나 공부(?) 해 본 바에 의하면 그냥 사서 마시는 것보다 배워서 마시는 것이 꽤 괜찮았다. 3개월에 걸쳐 주 1회 총 12회의 수업을 한 번도 빼먹지 않고 개근했는데, 가르쳐 주는 선생님의 '내공' 덕분이 아니었나 싶다. 그만큼 수업이 재미있었다. 특히 흥미롭게 기억에 남은 이야기가 있다(참고로 이분은 학생들에게 반말을 기본으로 하셨다. 아무도 이에 이의를 달 지 않았다. 그럴 나이셨고, 그래도 될(?) 캐릭터였다).

"애들아, 그거 아니? 프랑스 와인은 '명칭이 존재를 결정한다'라는 것 말이야. 현재 프랑스 최고등급 와인은 1856년에 결정되었고 그게 지금까지 쭉 이어져 왔어. 그 가격들은 알다시피 어마어마하지. 상당

수가 의문을 품어. 과연 그만큼의 값어치를 하나? 맛 그 자체로는 이미 최고등급 받은 것을 뛰어넘는 와인도 꽤 많아. 하지만 한번 최고 등급을 받은 와인은 그 자체로 최고라는 존재적 가치를 여전히 유지하고 있어. 프랑스 와인은 한번 1등급이면 끝까지 1등급이야."

'한번 1등급이면 끝까지 1등급'이라는 그 말이, 꽤 오랫동안 사회생활을 해 온 나에게도 깊은 인상을 남겼다. 프랑스 와인처럼 우리의 인생도 그런 것 같다고 생각해서다. 참고로 그는 프랑스 와인 시장의 냉정한, 어쩌면 '냉혹한' 세계를 말하면서 이렇게 덧붙였다. "루이비통은 영원히 루이비통이고, 짝퉁은 영원히 짝퉁이야." 나는 루이비통인가, 아니면 짝퉁인가. 두고두고 나 스스로를 객관적으로 살피게 만든 말이다.

비슷한 이야기를 또 다른 장면에서 본 적이 있다. 대입 수험계의 소위 '일타 강사'라는 사람의 현장 강의를 유튜브에서 보게 되었다. 그분은 소위 '명문대' 출신이었다. 그런 그가 수업 중에 학벌의 중요성을 학생들에게 이렇게 설명했다. "명문대를 나오니 편한 점이 있어. 어디에서 이야기할 때 군이 '나 똑똑하다'라는 말을 하지 않아도 된다는 거야. '나 어느 대학 나왔소'라고 말하면 사람들이 알아서 '아, 좋은 대학 나왔군요'라고 말하는 것에서 그치는 게 아니라 일단 똑똑한 사람으로 대접을 해주더라고. 그러니까… 좋은 대학 가라고!" 학벌에 대해서는 여러 생각이 들지만, 이미지 세팅의 측면에서 공부의 동기부여가 될 수도 있겠다는 생각도 든다.

직장인이라면 최소한 자기가 입사한 회사에서는 '리셋reset'의 출발점에 서는 절호의 기회를 맞게 된다. 이때 처음 몇 년이라도 최소한 자신의 이미지 정도는 시작점에서 잘 세팅해 보자. 자신의 이미지가 어떻게 구축되었는지 알고 싶다면 직장에서 내 이름 앞에 어떤 수식어가 붙는지를 살펴보면 된다. 내 이름 앞에 붙는 키워드가 1등급인지, 아니면 짝퉁인지 등을 살피면 나의 대외적 이미지를 알 수 있다는 말이다. 그 감각이 바로 '이미지 센스'다.

예를 들어 우리의 이름 앞에 어떤 수식어가 붙어 있는지 살펴보자. 긍정적인 수식어인가, 부정적인 그것인가. 내 이름 앞에 붙는, 즉 내 이미지를 결정하는 바로 그 키워드에 관한 한 절대 타협할 수 없는 것임을 인정하자. 내가 하고 싶어 하는 것이 무엇인지, 내 관심 분야가 무엇인지, 무엇을 할 것인지를 선택하는 것 이상으로 그래서 결국 내 이름 앞에 어떤 수식어가 붙을 것인지를 의도적으로 세심하게 고민해야 함을 절대 잊어서는 안 된다.

다시 와인 이야기로 돌아가 보자. 프랑스 와인 중에 '샤토 무통 로칠드'라는 브랜드가 있다. 이 와인은 원래 1등급이 아니었다고 한다. 하지만 이곳은 자체 연구소를 만들고 지속적인 품질 개선을 하면서 1등급 와인으로의 도전을 멈추지 않았다고 한다. 그 도전의 기간은 1923년부터 1973년까지 무려 50년에 이르렀고, 결국 이곳에서 생산된 와인에 대해 1등급 판정을 받아냈다. '50년 승급 전쟁'에서 승리한 샤토 무통 로칠드, 이후 확고하게 1등급으로서의 브랜드를 유지하고 있다.

50년이라니, 과연 나 같으면 브랜드 가치를 올리기 위해 50년을 도전할 수 있었을까. 50년이 아니라 최소 5년, 아니 5개월 만이라도 나의 이미지 전쟁(!)에 참전할 준비가 되었는가. 내 이름 앞에 지금 어떤 수식어를 붙일 수 있는지, 그리고 앞으로 내 이름 앞에 어떤 수식어를 붙이고 싶은지 한번 고민해 보자. 내가 원하는 수식어가 붙으려면 무엇을 해야 하는지도 생각해 보자. 이런 고민의 과정 전체가 '이미지 센스'를 구축해 가는 과정이다.

'시그니처 스타일signature style'이라는 용어가 있다. '자신만이 가진 옷차림의 핵심이나 틀'을 말하는데, 남과 나를 차별화하는, 유행이나 환경에 구애받지 않는 독특한 스타일을 말한다. 패션만일까. 어느 식당에 가든 우리는 그곳의 '시그니처 스타일' 요리를 궁금해한다. 요즘 골프가 대중화되고 있는데 골프장 역시 시그니처 스타일 홀을 하나씩은 가지고 있다. 원래 '시그니처'란 단어는 본인 고유의 필체로 자기 이름을 적는 것, 즉 '서명署名'을 뜻한다. 개개인의 시그니처라고 하면 그 사람만의 고유한 정체성, 그 사람 하면 떠오르는 그만의 대표적 특성을 의미한다. '이미지 센스'의 시작이요, 끝이다.

오늘도 수없이 많은 사람과 관계를 맺고 지내는 직장인인 우리의 이름 앞에는 어떤 수식어가 붙어 있는가. '동료의 어려움과 함께하는' '그 누구보다도 보고서 하나는 끝내주는' '누구에게라도 추천해 주고 싶은' 등등의 키워드가 나 그리고 당신의 이름 앞에 덕지덕지 붙기를 기대해 본다. 부끄러워서 차마 말하지 못했는데 고백하자면, 내 이름 앞에 붙어 있던 과거의 키워드는 '일은 잘하는데, 모든 걸 혼자 하려고 하는'이다. '이미지 센스'에 소홀했던 결과였다. 이미지 센스에 관심을 가진 이후로는, 뒤의 수식어가 떨어졌으리라 믿는다.

후각의 기억력을 이용한 이미지

나의 고유함을 느끼게 하는
가장 쉽고 편리하며 확실한 방법

세상 사람들은 나를 '내면의 나'로 보지 않고 '겉으로 보이는 나'로 바라본다. 대부분 그렇다. 언젠가는 상대방의 내면을 바라보려는 사람들이 많아지기를 기대한다. 하지만 지금 우리가 사는 세상은, 더더군다나 직장이란 곳은 자신의 모습이 어떻게 상대방에게 보이느냐를 고민하지 않을 수 없다. '이미지 센스'란 세상 사람들에게 보이는 나를 좀 더 나은 모습으로 보여주기 위해 자신만의 개성을 만들어내는 과정이다.

나의 목소리, 나의 얼굴, 나의 손짓 등 수많은 것이 주요한 요소지만, 여기에서는 우리의 몸에서 나는 '나의 냄새' 아니면 '나의 향기'를 논의하려 한다. 한 유튜버의 이야기다(출처: 유튜브 채널 "오마르의 삶" https://youtu.be/e1K22PM1shw).

몇 년 전에 지하철에 앉아 있었다. 옆자리에 한 여성이 와서 앉았다. 옆자리에 앉은 여성으로부터 나는 향기가 삼 년 전에 만났던 여자가 쓰던 향수의 향기와 같다는 것을 느꼈다. 그러다 문득 깨달았다. 후각의 민감함에 대해. 삼 년 전에 만났던 그 여자는 만났을 당시에 그다지 의미 있는 관계가 아니었다. 한두 달 동안 불과 서너 번 만났을 뿐이고 삼 년이 지나서는 얼굴이나 직업도 떠오르지 않았을 정도였으니 말이다. 스쳐 지나간 사람? 의아했다. 왜 이렇게 향기만 또렷하게 기억이 나는 걸까? 그리고 이렇게 결론을 냈다. 후각은 우리 생각보다 훨씬 더 기억력이 좋다.

그는 설명을 이어갔다.

우리는 주변 사람들에게 좋은 모습으로, 색깔 있는 사람으로, 개성 있는 사람으로 기억되기를 희망한다. 자신만의 고유한 느낌을 지니고자 한다. 그래서 몸을 만들고, 지식을 쌓고, 개인기를 고민한다. 조언하자면 그중에서도 가장 쉽고 편리하며 확실한 방법이 있는데 그건 바로 향수를 뿌리는 것이다.

이 책 읽고 있을 때가 아니다. 우리, 책은 잠시 덮고 얼른 가까운 올리브영이나 롭스와 같은 드러그스토어에 가서 향수 하나 구매하는 게 어떨까. 물론 향기란 최소한의 기본적인 인간관계가 '정상' 이

상일 경우를 전제로 한다. 인간관계가 엉망으로 끝나게 되면 남는 건 향기가 아니라 악취이니 말이다. 참고로 해당 동영상의 댓글 중에 "아, 이거 뭔가 인정합니다. (X 같았던)전 남자친구가 자주 쓰던 체리 향의 샴푸가 있었는데 체리 향을 맡을 때마다 기분이 X 같거든요"라는 말이 있었다. '이미지 센스' 이전에 '인성 센스'가 먼저인 건 물론이다. 인성이 같은 조건이라면, 향기 관리야말로 놓칠 수 없는 '이미지 센스'다.

최근에는 만남의 수단이 다양해졌지만, 진짜 만남으로 이어지기가 힘들다고들 한다. 여자는 '코드 맞는 남자가 없어!'라고 하고 남자는 '느낌이 오질 않아!'라며 되받는단다. 단번에 모든 것을 결정해버리고 더는 상대방에 대해 알려는 노력조차 하지 않는 건 안타깝다. 과연 상대방에게 어떤 이미지를 주었는지, 상대방을 어느 정도 알려고 노력했는지 스스로 돌아봤으면 싶다. 사실 사람 그 자체야 뭐가 그리 특별하고, 뭐가 그리 문제일까. 그저 세상 밖으로 보이는 이미지로 사람에 대한 평가가 갈린다는 이 엄혹한 현실을 인정하는 게 낫지 않을까.

상대방의 선호를 알아나가려는 노력 없이 관계의 진전은 없다. 더 나아가 '이상형을 찾지 말고 이상형이 되어라!'라는 말처럼 상대방에게 보이는 자신의 이미지가 현재 어떤지 정도는 되짚어보는 것이 옳다고 본다. 일상에서야 물론이고 우리의 일터인 직장에서 동료들에게, 상사에게, 후배에게 자신의 이미지가 어떤 모습으로 보이는지를 확인하는 건 직장인으로서 필수 센스가 아닐까. 특히 냄새 혹은 향기는 상대방이 차마 말하지 못하지만 정작 누군가와의 관계, 거리를 고민하는 이미지가 될 수 있음을 기억했으면 좋겠다.

내가 마트에 갔을 때의 일이다. 생활용품을 파는 곳이 보였다. 편안해 보이는 옷들과 각종 생활용품 등이 진열되어 있었다. 나의 시선을 끈 것은 은은한 빛이 마음을 편안하게 해주며 안개처럼 흩날리는 입자 속의 향기가 꽤 분위기 있는 '가습기'였다. 은은한 향기가 나의 마음을 편안하게 해주는 느낌에 바로 구매했다. 집에 와서는 바로 전원을 연결했다. 음, 좋은 냄새! 그리고 은은한 빛! 게다가 잘게 부서지는 수증기까지. 마음에 들었다.

신기하게 지켜보던 가족들에게 자랑 섞어서 말했다. "향기도 좋고, 은은한 불빛도 마음에 들어서 샀어. 물론 건조한 겨울에 가습기로도 쓸 수 있는 점이 결정적이었고." 센스 있는 남편과 아빠가 된 듯이 말이다. 매일 물을 갈고, 향을 내는 '천연오일'을 비싼 값을 주고 사서 몇 방울씩 떨어뜨리며 흡족하게 사용했다. 그러던 어느 날이었다. 그야말로 우연히 그 제품의 설명서를 읽게 되었다. 앗? 이게 뭐지? 설명서의 한쪽에 이렇게 쓰여 있었다. "가습 효과는 증명되지 않았습니다."

알고 보니 이 제품은 가습의 역할이 아닌 향을 내는 역할에 초점이 맞춰진 것이었다. 그것도 모르고 가습기라고 사놓고서 열심히 물을 갈아주고 그랬다니, 속은 느낌이었다. 하지만 지금까지도 이 제품을 아주 잘 쓰고 있다. '습도 조절의 효과가 증명되지 않은 가습기'를 왜 지금껏 사용하고 있는 걸까? '쓸모가 없는 제품도 향기 하나 괜찮으면 쓸모 있음'을 말하고 싶어서다. '쓸모없음'이 '쓸모있음'으로 변하는 데는 향기 그 하나로도 족했다.

'가습기를 가장한' 방향제만일까. 사람 역시 마찬가지다. 상대방이 당신의 접근에 대해 뒷걸음질을 한다면 당신의 성격이나 외모보다 입에서 나는, 혹은 몸에서 나는 퀴퀴한 냄새를 먼저 살펴보길 바란다. 반대로 생각하면 당신이 상대방에게 그리 쓸모없는 사람이라도 향기 하나만 제대로 낼 수 있다면 쓸모 있는 사람으로 '변신'이 가능할지도 모른다는 것을 말하고 싶다.

'이미지 센스'는 당신만의 향기와 함께 완성되어야 한다. 당신을 생각했을 때 가장 먼저 떠오르는 것이 옅은 오렌지 향기였으면 좋겠다. 담배 냄새에 찌든, 텁텁하고 퀴퀴한 입 냄새와 함께한 악취가 아니길 바란다. 얼마 전에 들은 이야기다. 한 중소기업의 여성 과장이 코로나19로 '가장 좋아진'(?) 것 하나가 마스크를 사용함으로 인해 입 냄새 심한 남자 부장님과의 대화가 한결 편해진(?) 것이라는 말을 들었다. 어떤 생각이 드는가.

후각은 오감 중 가장 강렬하면서도 오랫동안 뇌에 기억되는 감각이라고 한다. 외모 등 '시각적 인상'만큼 '후각적 인상'에 대해서도 그럴듯하게 세팅할 줄 아는 '이미지 센스'의 달인이 된다면 당신의 직장생활이 지금보다는 한결 더 나아지리라 본다.

혼나는 순간의 반전 전략

▎중요한 건 실수가 아니라
▎깨지는 순간에 남기는 이미지다

　　외국인에게 늘 신기하게 보인다는 한국의 기업 문화가 있다. 2016년 대한상공회의소와 한 외국 컨설팅 회사가 공동으로 조사한 후 발표한 기업 문화 진단 보고서에는 한국 기업에 근무했다는 한 외국인 임원의 발언이 나오는데 그 내용은 대략 다음과 같았다.

　　"한국 기업의 임원실이요? 장례식장 같습니다. 임원 앞에서 정자세로 서서 불명확하고 불합리한 업무 지시에 '왜 Why'도, '아니다 No'도 말하지 못하고 고개만 끄덕이는 모습이 괴기스러울 정도입니다."

　　언젠가 당신은 팀장이 되고, 임원이 되며, CEO가 될 사람이다. 리더로 통칭하는 직위들이다. 리더의 임무 중 가장 중요한 게 무엇일까. 자기가 맡은 조직 구성원의 몰입을 이끄는 것 아닐까. 몰입이 중요시된 데에는 시대적 배경이 있다. 산업사회는 '열심히' 하면 됐고 정보사회는 '제대로' 하면 충분했다. 지금은 창조사회다. '몰입해서' 일할 수 있어야 한다. 몰입 속에서 창조가 싹튼다. 조직 구성원의 몰입은 무엇에서 나올까. 구성원들에게 보여주는 리더의 공감에서 시작된다.

기업체 특강 중에서도 리더를 대상으로 하는 과정을 진행할 때 나는 늘 리더들에게 묻는다.

"직원들에게 공감해 주고 있으신지요?"

물론 공감은 어렵다. 아무나 하는 게 아니다. 한 연구에 따르면 직장에서 후배나 동료의 문제를 해결해 주는 역할을 맡은 사람은 가정에서 공감 에너지 고갈 현상을 보이는 것이 통계적으로 입증되었다고 한다. 회사에서 공감 에너지를 소진해 버리니 정작 가정에서는 무감각해진다는 것이다. 그 정도로 공감이란 어려운 일이다. 아무나 할 수 없기에 리더들에게 부탁한다고 말씀드린다. 제발 공감을 해주십사 하고 말이다.

당신이 미래에 리더로서 작은 일 하나부터 직원들의 말과 행동에 공감할 수 있기를 기대한다. 미국 대통령이었던 오바마는 연설할 때도 '나 I'보다는 '우리 we'라는 단어를 자주 사용했다고 하는데, 이는 국민과 공감하려는 시도였다고 한다. 여전히 공감이 뭔지 모르겠다고 할 수 있겠다. 딱 하나만 추천하겠다. 뭔가 답답하거나 화가 난다면 잠깐 생각과 말을 멈추고 다음과 같은 생각, 더 나아가 말 한마디를 할 수 있는 당신이기를 기대한다.

"그래, 그럴 수도 있겠다."

이게 참 어렵다. 우리는 대부분 "그래, 그럴 수도 있겠다" 대신에 "내 그럴 줄 알았다"에 더 익숙하기 때문이다. 하지만 익숙하다고 무작정 그것을 계속할 이유는 없다. 어제와 다른 오늘, 오늘보다 나은 내일을 위해서라도 조금씩 고쳐나가는 게 어떨까. '그래, 그럴 수도 있겠다'라는 생각과 말 한마디가 우리의 이미지를 세상에 괜찮게 내보이는 시작이기 때문이다. 그런데 이런 말들이 오직 리더로서 직무를 맡았을 때야 비로소 할 만한 것들일까. 아니다. 지금 당장, 우리도 갖춰야 할 태도다.

소위 '깨지는 순간'에 더욱 그렇다. 잘못했으면 지적을 받는 것이 당연하다. 이때 어떻게 자신을 상대방에게 보이느냐에 따라 우리의 이미지는 결정된다. '그래, 이 문제가 저렇게 화낼 만큼 중요한 일일 수도 있겠다'라는 마음가짐과 함께 다음의 한 문장을 말하는 당신이길 바란다.

"죄송합니다. 제가 거기까진 미처 생각하지 못했습니다."

최근에 무례한 사람한테 당하지 않는 방법을 담은 책이 한동안 인기였다. 좋은 현상이다. 아닐 땐 아니라고 말하는 세상이 되는 게 당연한 거니까. 하지만 그것을 자신의 상황에 적용하는 것에 대해 오해하는 경우가 많은 듯하다.

예를 들어 상사의 지시 등이 듣기 싫을 때 그 싫은 내색을 '팍팍'

내는 경우가 있다. 회사는 '감정'을 쏟아내는 곳이 아니다. '일 처리'를 하는 곳이다. 잘못된 일은 바로잡아 제대로 된 방향으로 가게 해야 하고, 그 잘못의 이유가 나와 당신의 실수로 시작되었다면 잘못을 인정하고 실수를 반복하지 않겠다고 답변하는 것이 옳다. 싫은 소리를 들어 기분 나쁘다는 감정을 얼굴에 고스란히 드러내고 있다면, '이미지 센스'를 잘 만들어내지 못하는 아마추어로 보일 뿐이다.

한 경영대학 교수님이 자신의 책에서 기업의 마케팅을 '사과의 기술'이라고 단정한 부분을 읽은 적이 있는데, 거기에 일정 부분 동의한다. 잘한 것을 잘했다고 말하기보다는 못한 것을 흠잡는 데 익숙한 불신의 시대에 아무리 조심해도 사과할 일이 생길 수밖에 없다. 이때 논리적으로 해명한다면서 고객과 말다툼한다면, 과연 그런 구성원이 있는 기업이 살아남을 수 있을까. 담백하면서도 진정성 있는 사과를 과감하게 하고 또 필요하면 실질적인 보상을 말할 줄 아는 게 문제의 해결에 훨씬 낫다. 직장인으로서도 응용할 부분이 많은 이야기다.

오래전의 일이긴 하지만, 업무 실수로 팀장님께 한소리를 듣고 의기소침해진 나에게 다가와서 조언해 주던 한 선배의 말이 기억난다.

"시간이 오래 걸린 걸 보니 말이 많았나 보네. 팀장님과 어떻게 대화했는지는 모르겠지만 팁 하나를 알려줄 테니 기억해 둬. 윗사람에게 깨질 때 분위기를 누그러뜨리는 가장 적절한 말이 뭔지 알아? '정말 죄송합니다. 제가 거기까진 미처 생각하지 못했습니다.' 이거야.

이런 말을 하면 윗사람은 '아이고, 괜히 착한 친구한테 스트레스를 준 게 아닌가?' 생각하면서 화를 거두게 돼. 그러니 나중에 오늘과 같은 일이 생기면 한번 써 먹어봐."

우리는 지금 실수하면서 회사에 다니고 있다. 사실 지금이 아니면 언제 또 실수해 볼 것인가. 실수하면 지적을 받고 개선해 나가면 된다. 중요한 건 실수나 지적받은 것 그 자체가 아니라, 이 경험을 통해 어떻게 성장할 것인가다. 스스로의 성장 면에서도 자신의 잘못을 인정해야 다음으로 나아갈 수 있다.

또한 당신의 선배와 상사는 당신의 그런 실수를 지적하고 개선시켜야 하는 직무가 있다. 물론 그러한 지적을 과하게, 오버해서 하는 건 그 사람의 인성 문제다. 지적을 받은 우리는 그저 나의 잘못, 실수를 대하는 나의 마음과 태도를 정하면 된다. 변명보다 인정하고 다음을 생각하는 자세를 가져보자. 당신의 그러한 성장 마인드는 당신의 실수를 지적한 상대방에게도 '이 친구는 고집불통이 아니라 앞으로 더 잘할 친구'라는 긍정적이고 겸손한 이미지를 남기게 될 것이다.

어떤 이미지의 사람으로 남을 것인지는 의아하게도 당신이 깨지는 그 순간의 선택에 있음을 기억하자.

애매할 땐 'FM'이 정답

보이는 게 다인 '외모 패권주의'를 살아가는 직장인의 대응법

    우리의 옷매무새는 지금 어떠한가. 혹시 타인의 불편한 시선을 끌게 하는 옷차림은 아닌가. 민망한 옷차림이나 과하게 화려한 옷차림은 사적인 장소에서는 개인의 자유이지만 업무의 영역에서는 재고해야 할 사항이라는 것, 인정하는지 모르겠다. 반바지를 입어도 된다는 건 최소한 다리에 숭숭 나 있는 털 정도는 깔끔하게 정리하라는 '암묵지'가 있는 것임에도 '시원하게 입으라고 해서 시원하게 입었는데 뭘 또 다리털 타령이야!'라고 투덜댄다면, '이미지 센스'는 제로에 수렴하고 있는 것이나 다름없다.

  언젠가 각각 중견기업에 근무 중인 맞벌이 부부 중 아내의 이야기를 들은 적이 있다. 남편의 말을 전한 것이다. 남편이 재직 중인 회사는 그야말로 '보수적 of 보수적'인 분위기, 경직 그 자체의 문화를

206

갖고 있다고 했다. 여전히 양복을 입어야 하는 건 물론이고 최근까지도 여름에 긴 팔 와이셔츠가 기본이었단다. 인사 부서에서 '권고'한 사항이지만 구성원이 알아서 '강제'로 읽고 행동한 것이었다. 그런데 최근 남편에게서 불만이 터져 나오기 시작한 것이다. 남자들의 옷차림에 대해서는 선배나 상사들이 정말 말도 안 된다 싶게 세세하게 지적하면서도, 여자들의 옷차림에 대해서는 보기 불편함에도 혹여나 성적인 문제로 오해가 생길까 봐 아무도 말하지 못한다는 것이었다.

언젠가 그 남편의 부서에 재직하는 한 여성이 자유 복장, 그러니까 정장을 입지 않고 출근하는 날에 과도한 노출의 옷을 입고 출근하였다고 한다. 부서 내 직원들이 눈을 어디에 둬야 할지 몰라하며 불편해하는데, 아무런 말도 하지 못했다고 한다. 자유 복장이니 자유인 건 알겠지만, 굳이 직장에서 불편한 시선과 논의거리의 주인공이 될 필요는 없을 듯하다. 직장이라면 시간 time, 장소 place, 상황 occasion의 TPO를 갖춘 오피셜 웨어를 감안하는 것이 '이미지 센스' 아닐까.

외모가 뭐가 중요하냐고 말하는 사람도 있다. 하지만 소위 '외모 패권주의', '외모 지상주의'라는 말이 사람들의 입에 오르내리는 것을 보면 외모는 완전히 외면해도 되는 그 무엇은 아닌 듯하다. 성공을 위한 외모 관리라는 것이 있을까? 있다. 자기의 모습을 타인에게 매력적으로 보이게 하는 것, 화려하거나 눈에 띄는 개성은 없지만,

늘 깔끔하고 멀끔한 모습을 갖추는 건 밖에서는 한 회사의 이미지를 대표하는 직장인으로서 챙길 만한 부분이다.

이렇게 말하는 나도 외모에 자신 없는 부분이 있다. '올챙이 배'가 그것이다. 건강에 앞서 보기가 흉하다. 특히 앉아 있을 때가 그러하다. 푹 꺼진, 그러니까 빈약한 가슴과 대비되어 '팽팽하게 긴장감을 유지하는' 복부비만은 감추고 싶은, 하지만 '감추기에는 상대방에게 너무나 잘 보이기만 하는' 비밀 아닌 비밀의 모습 그 자체다. 옷을 살 때도 피곤하다. 아무리 비싼 옷, 멋진 옷이라도 중요한 기준은 배가 나와 보이냐 안 나와 보이냐가 된다.

여름에도 자켓을 챙겨입는 나를 보고 사람들은 말한다. "덥지 않아? 반팔 하나만 입어도 이렇게 더운데?" 이럴 때 나는 "직장인이면 자켓은 입고 다녀야지!"라면서 '말도 안 되는 말'을 해 놓고서는 속으로 '자켓이 내 올챙이배를 가려주니까 이 더위에 꾸역꾸역 입는 것도 모르냐?'라고 투덜댄다. 내가 아무리 똑똑하고, 지혜롭고, 깨끗한 영혼을 지니고 있으며, 아름다운 말을 하는 사람이라고 하더라도, 볼록한 아랫배를 가진 사람이 멋져 보인다는 사람은 세상에 별로 없을 것이다. 나부터 그런 사람들이 자기관리를 잘한다고 보지는 않으니까.

그래서 언젠가부터 '기회만 되면 이 올챙이배와 전쟁을 한 번 하리라!'라고 다짐하고 있었다. 그러다 한 사람이 눈에 들어왔다. '호날두'였다. 정확히는 '크리스티아누 호날두 Cristiano Ronaldo'. 포르투갈 출신의 축구선수로 36세다. 187cm의 키에 83.5kg, 세계 최고의 축구 클럽들을 두루 거쳤다. 잉글랜드의 맨체스터 유나이티드, 스페인의 레알 마드리드, 이탈리아 유벤투스 FC, 그리고 다시 맨체스터 유나이티드의 주전 공격수로 돌아왔다. 연봉은 400억 원에 달한다.

그의 연봉? 그리 부럽지 않다. 하루에 1억 원을 받는다고 해도 쓸데도 없고, 움직이는 것을 싫어하니 말이다. 하지만 딱 하나 부러운 게 있다. 그의 '완벽한 복근'이다. 골을 넣을 때마다 왜 그가 웃통을 벗는지 알 것 같다. 남자인 내가 봐도 그의 몸은 그 자체로 환상적이다. 특히 '식스팩'인지, '에잇팩'인지 모를 그의 복근은 비현실적이기까지 하다. 그의 복근은 도대체 어떻게 형성되었을까. 그의 복근을 '닮고 싶어서' 찾아봤다. 그런데…

호날두는 신체 나이를 20대로 유지한다고 한다. 실제 나이보다 열 살 젊은 몸을 가지고 있는 것이다. 레알 마드리드에 따르면 체지방률이 7% 미만으로, 전문 보디빌더의 평균 체지방량(3~5%) 수준이다. 근육량은 50%가 넘는다. 매일 팔굽혀펴기 1,000번, 윗몸일으키기 3,000번을 하면서 자신의 몸을 '조각상'으로 빚어냈다.

포기다. 팔굽혀펴기 10번도 힘든데, 윗몸일으키기 30번도 힘든데, 어떻게 1,000번과 3,000번을 할 수 있겠는가. 운동뿐이랴. 그의 음식 조절은 더 엄청나다. 한때 맨체스터 유나이티드에서 함께 뛴 동료였던 '에브라'는 "호날두에게 연습 후 점심 식사를 초대받았는데 식탁에는 샐러드와 닭가슴살, 물밖에 없었다"라고 했단다(출처: "호날두 집 들이엔 가지 마라, 물과 샐러드, 닭가슴살 뿐이다", 〈조선일보〉 2018년 6월 22일).

초대라면 일종의 '집들이'인데 집들이 음식 메뉴가 샐러드, 닭가 슴살, 물이라니, 얼핏 질리긴 했다. 하지만 문득 따라 할 수 있을 것 같다는 생각이 들었다. 나이는 들었지만 나도 멋있게 보이고 싶은 마음이 있음은 여전하니까. 나의 음식 섭취에도 적용해 본 것이다. 결과는? 하루 만에 끝났다.

어쨌거나 비대면 시대일수록 보이는 게 오히려 전부다. 리모트워 크 시대의 '이미지 센스'는 잘 모르면 FM이 정답이다. 사소하게 애매 한 부분들과 마주하게 된다면 스스로 다짐해 두자.

'관계든 옷차림이든 말이든, 회사에서 마주하는 상황이 애매하다 고 생각될 때는 'FM'이 정답이다!'

"The image makes a person"

있는 그대로 보여주면
사랑해 줄 사람이 없다

집 주변에 버스터미널이 있는 관계로 각종 음식점이 다양하게 있는 편이다. 한곳에서 오랜 시간 동네 주민들에게 사랑받는 수제비 전문점, 김밥 전문점 등은 물론이고 최근 유행하는 프랜차이즈 식당들도 쉽게 찾아볼 수 있다.

그런데 지나다닐 때마다 본 음식점이 하나 있다. 이 동네에서 산지 십 년이 넘었지만 한 번도 가지 않은 곳이었다. 왜 안 갔느냐고? '이미지'가 맛없을 것 같아서였다. 그런 곳이 있지 않은가. 가게 밖에서 보면 뭔가 어두침침하고, 메뉴판도 정돈되어 있지 않고, 일하는 분들도 프로페셔널하게 보이지 않는(!), 한마디로 '맛이 없을 것 같이 생긴' 식당 말이다.

신기하게도 십 년을 봐 왔는데 여전히 영업 중이었다. 자영업을 하면 열에 아홉은 망한다는 이 시기에 도대체 비결이 뭘까 싶었다. 그래서, 가봤다.

내부로 들어가도 밖에서 본 이미지와 비슷했다. 오래된 식당 같긴 하지만 뭔가 어수룩하고 어수선한, 한마디로 '내 스타일'과는 거리가 있었다. 그래도 들어왔으니 주문은 해야겠어서 청국장을 주문했다. 앉아 있는데 어떤 것도 안 주셔서 물어보니까 물은 물론이고 밥과 반찬 모두 '셀프'란다. '다시는 오나 봐라' 하며 내 마음속 식당 점수를 과락 근처까지 주고는 밥그릇을 들어 밥을 푸고, 반찬을 담아서 내 자리로 돌아왔다. 얼마 지나지 않아 아주머니께서 청국장 하나만 '달랑' 주더니 쿨하게 뒤돌아선다.

그런데, 맛있었다! 불편하지만 셀프로 담은 밥, 무생채, 상추, 김치 등에 고추장을 넣고 청국장을 듬뿍 적셔 비벼서 먹으니 그야말로 건강해지는 맛을 넘어 '맛있는 맛' 그 자체였다. 입에 넣은 청국장과 밥알의 조화를 음미하며 정신이 번쩍 들어 주변을 살펴보니 그제야 이 식당 체계가 그렇게 좋아 보일 수가 없었다. 점심시간이 다소 지났음에도 사람들이 계속 찾는 이유를 알게 되었다. 그 이후에도 몇 번이나 찾아갔고, 시키는 것마다 푸짐하고 맛있었다.

하지만 아쉬웠다. 식당만큼 이미지가 중요한 곳이 또 있을까. 밖에서 보이는 외관만 조금 정돈해도, 내부의 조명을 약간만 따뜻하게 고쳐도 지금 손님의 몇 배는 더 올 만큼 경쟁력 있는 음식솜씨를 지니고 있는데, 그런 소소한 부분을 소홀히 하여 나와 같은 사람에게 외면받아 왔다니 말이다. 주방에서 조리해 주시는 분들 손 빠르고, 재료를 아끼지 않는 음식의 맛과 질 훌륭하고, 밥을 마음껏 먹을 수 있는 자율배식이니 알고 보면 안 올 이유가 없는 꽉 찬 알짜배기였다. 이런 음식점이 동네에서 사라지면 안 될 텐데 말이다.

맛있다고 장사가 잘되는 건 아니다. 사실 잘된다는 집에 가서 보면 특별히 대단한 맛이 있는 것도 아니다. 과연 사람의 발길을 끌어당기는 차이는 무엇에 있을까. '이미지'가 관건이다. 물론 'SNS 맛집'의 한계로 '속았다' 싶을 때가 많다. 음식의 맛은 당연히 기본이다. 하지만 음식의 맛 그 자체를 넘어 청결함, 분위기, 인테리어 등의 이미지도 중요하다. 식당뿐이랴. 한 직장에서 조직의 구성원으로 일하는 사람 역시 마찬가지일 것이다. 자신의 이미지를 관리할 줄 아는 역량인 '이미지 센스'는 각자 지닌 실력을 넘어 갖추어야 할 필수템이다.

직장생활을 하다 보면 '왜 저 사람은 별것 아닌 걸 하는데 잘 풀릴까?'라고 생각하게 되는 경우가 있다. 특히 가까이 있어 그의 역량과 성과를 뻔히 아는 경우라면, 그 사람이 그의 실력과 결과물보다 더 나은 평가를 받아 앞서가는 걸 볼 때 더 그러한 반감을 갖게 된다. 하지만 반감 이전에 반성부터 하는 게 어떨까. "이미지가 사람을 만든다 The image makes a person"는 것을 아는 것이 먼저였음을 말이다.

개인적으로 꽤 오랜 시간 유지해 온 직장생활을 되돌아봤을 때 아쉬운 점은 목표를 달성하지 못했던 한두 해가 아니라, 승진에 실패했던 순간이 아니라, 주변 사람들에게 그럴듯한 이미지를 주는 것에 그다지 성공하지 못했다는 생각이 들 때다. 이미지는 결국 한 사람의 태도와 인성을 모두 포괄하여 세상에 드러내는 것이기 때문이다. 나의 실수에 대해 진심을 담아 미안하다는 말을 한 번 더 할 줄 알았다면, 누군가의 기쁨에 감탄사를 아끼지 말고 진심으로 함께 기뻐했더라면, 타인의 실수에 대해 부드럽게 격려할 수 있었다면, 아마 지금 나는 조금 더 괜찮은 사람으로 인정받고 있지 않을까.

"있는 그대로 보여주면 사랑해 줄 사람이 없다"라는 말이 있다. 직장인으로서의 '이미지 센스'에 있어서 우리의 노력이 필요한 이유를 잘 설명해 주는 말이라고 본다. 무조건 착하게 보이라는 말이 아니다. 필요할 때는 마음속에 '구렁이 한 마리'를 품을 줄도 알아야 한다. 혹시 당신이 '자유로운 영혼'이라는 말을 듣고 있다면? 그것도 문제다. '조직에 적응하지 못하고 제멋대로 하는 통제불능자' 혹은 '조직에서 겉돌고 공동의 이익에 관심 없는 사람'의 동의어기 때문이다. 노력해 보자. 이미지를 재정립하려고 말이다.

우리의 말은, 글은 그리고 태도는 모두 한 사람의 이미지로 귀결된다. 요즘에는 안타깝게도 이를 '디테일detail'하게 말해 주는 사람을 조직에서 찾아보기 힘들다. 선후배도 없고, 직급도 사라져 버리고 있는 '각자도생各自圖生'의 험한 세상에서 자기 앞가림을 해나가기도 바쁘기 때문이다. 하지만 회사는 여전히 당신에게 바란다. 기본적인, 아니 이왕이면 조직 구성원의 롤모델이 되는 '이미지 센스'를 갖추기를 말이다. 좌충우돌하면서 시간이 흐른 후에 깨닫기보다는 괜찮은 '이미지 센스', 전체적으로는 '일 센스'를 위해 관심을 두고 생활한다면 어렵고 힘들었던 직장생활이 어느새 꽤 그럴듯한 시간과 공간으로 바뀌어 있을 것이다.

능력보다 더 인정받는
일잘러의 DNA, 일센스

1판 1쇄 2022년 3월 10일 발행

지은이 · 김범준
펴낸이 · 김정주
펴낸곳 · ㈜대성 Korea.com
본부장 · 김은경
기획편집 · 이향숙, 김현경
디자인 · 문 용
영업마케팅 · 조남웅
경영지원 · 공유정, 신순영

일러스트 · JUNO

등록 · 제300-2003-82호
주소 · 서울시 용산구 후암로 57길 57 (동자동) ㈜대성
대표전화 · (02) 6959-3140 | 팩스 · (02) 6959-3144
홈페이지 · www.daesungbook.com | 전자우편 · daesungbooks@korea.com